Reihe Reiseliteratur Band 2

Vera Hewener

Von Brandasund bis Nasholim

Reisegedichte, Lyrische Ausflüge,
Geschichten und Notizen

AF140535

Edition Calamus

Über das Buch

Vera Heweners Reisegedichte, lyrische Ausflüge, Geschichten und Notizen laden zu ganz besonderen Reisen ein. Es ist ein Buch für alle, die aus dem Alltag aussteigen wollen, Freiheit suchen und von anderen Orten träumen. Lese-Reisen kann man jederzeit unternehmen, ganz gleich, wo man sich befindet. Den Leser erwarten „starke stimmungsvolle, magisch-lyrische Naturbilder, eingebettet in kunstvolle Verse" (Heusweiler Wochenpost 04.08.16). Sie führen von Norwegen, über Schottland, England, Frankreich, Österreich, Italien, Griechenland bis nach Israel.

Vera Hewener, geboren 1955 in Saarwellingen, Dipl.-Sozialarbeiterin, veröffentlicht seit 1985 u.a. in Deutschland, Frankreich und der Schweiz, Einzelübersetzungen ins Vera Hewener erhielt für ihr Werk mehrere internationale Auszeichnungen und Literaturpreise u.a. Superpremio Cultura Lombarda vom Centro Europeo di Cultura Rom (I) 2001, den Grand Prix Européen de Poésie von CEPAL Thionville (F) 2005, Goethepreis 2013, Trophäe Mörike 2015, zuletzt Wilhelm-Busch-Preis 2017.

Pressesplitter:

„Heweners Sprache ist Rhythmus und Malerei." SZ, 07.05.02
„Vera Heweners Gedichte scheinen in ein beständiges Flimmern gebettet. Um Wind, Licht, Farben sind sie zentriert." SZ, 19.08.05
„In Heweners Gedichten überlagern sich die Zeiten und Epochen. Die Vergangenheit ist in ihren Zeilen ebenso nah wie die Gegenwart. Die Gedichte sind im wahren Sinne des Wortes farbenfroh. Vera Hewener versteht das Handwerk des Dichtens." SZ, 29.07.09
„Naturlyrik par excellence im wahrsten Sinn des Wortes." Buchtipp DieWoch, 20.08.16
Offensichtlich steckt auch ein Schalk in Hewener, einer, der mit heiterer Leichtigkeit Reime und Silben sammelt, bündelt und wieder streut." SZ, 07.12.17

Reihe Reiseliteratur Band 2

Vera Hewener

Von Brandasund bis Nasholim

Reisegedichte, Lyrische Ausflüge,
Geschichten und Notizen

Edition Calamus

Die Deutsche Bibliothek verzeichnet diese Publikation in der Deutschen Nationalbibliografie; detaillierte bibliografische Daten sind im Internet unter www.http://dnb.dnb.de abrufbar.

Titelbild: Nasholim an der Karmelküste in Nordisrael. © Vera Hewener

Herstellung und Verlag:
BoD - Books on Demand GmbH
In de Tarpen 42
D- 22848 Norderstedt
Printed in Germany

1. Ausgabe 2019
ISBN 9783732235841
9,90 €

Reisefieber

Reisefieber

Wo willst du hin, wenn Reisefieber dich packt?
Wo ist das Land, das die Brötchen richtig für dich backt?
Hast du geträumt, du würdest gerne fliegen,
hoch über allen Wolken, Gewitter und Stürme besiegen?

Oder fährst du lieber mit der Dampf-Eisenbahn?
Vornehmlich im Orient-Express mit Schlafwagen dran?
Vielleicht wanderst du lieber auf grünen Bergeshöhn,
hohen Plateaus im gipfelfrischen Föhn?

Oder nimmst du doch lieber einen Reisebus?
Da stockt der Traum und mit den Reisen ist Schluss.
Du liegst ganz wach, schlägst deine Augen blinzelnd auf,
braust durch den Stadtverkehr, sperrst die Bürotür auf.

Du wärst so gern einmal nach Feuerland geflogen,
hättest den Urlaub alles Anderem vorgezogen.
Jetzt sitzt du da, starrst den Computer launig an.
denkst dir, bald reist auch du, fragt sich nur, wann?

Im Schatten der Lemuren

Die Karawane der Züge
rollt durch Berg und Tal.
Die Stadt ist schwer,
die Stadt ist leer,
und du läufst ständig hinterher
den Zeigern deiner Uhren.

Das quietschende Eisen, die Gleise
stellen sich wieder um,
Waggons angekuppelt,
der Triebwagen ruppelt,
die Zeit an deinen Kleidern zuppelt,
verlassen stehst du auf den Fluren.

Die Räder pfauchen und zischen
in Fahrtrichtung laut voran.
Die Ansage dröhnt,
das Warten verpönt,
die Reisezeit von der Bahn geschönt,
lässt hinter dir alle Spuren.

Einsteigen und Aussteigen wechselt,
du weißt nicht mehr, wo du bist.
Die Zeit verrann,
der Zug hält an.
du folgst deinen Wegen auf dem Spann
im Schatten der Lemuren.

Die Hinweisschilder der Straßen
stehen kreuz und quer.
Du weißt nicht wohin,
bist doch mittendrin.
Die Züge fahren weiter dahin,
wohin sie immer schon fuhren.

Sturmflug

Die Luft klopft ans Fenster.
Im kleinen Rechteck aus Glas,
die dunkelgrauen Wolkenberge
fliegen wie Nachtgespenster
eilend an uns vorbei.

Sie reißen am Flügel,
ruckeln am Rumpf.
Ich versinke im Sitz
und klemme mich ein im Bügel.

Welcher Sturm bricht herein,
so unbeugsam, gewaltig das Dunkel.
Für solch ein Inferno schlägt die Hoffnung
an die Zinnen der Vernunft im Ausgeliefertsein.

Wer liest in den ungestillten Wünschen des Lebens
und folgt der Spur Flug durch die Nacht,
holprig, höllisch, Raum füllend,
alles Bangen ohne Aufhebens.

Steigt aus dem eisernen Kranich ein Entsagen
beim Öffnen der äußeren Hülle,
du schweigst, von Vorsätzen getroffen
und böigen Mülleimerparaden.

Dem folgt Verlust auf seinen Wegen
wenn auf Antworten Fragen bleiben,
Verunsicherung, die an scheinbar Festem rüttelt
und im Inneren sich unentwegt Ängste regen.

Im Intercity-Express

1
Der Zug rollt in den Tag
mit dem Licht wachsen
die Spiegelungen im Fenster
die Schatten aufgescheucht
lagern an den Rändern
zwischen Einschlafen und Aufwachen
eingeschlossen im Abteil
brennt der Feuerball morgens
ein Loch ins Dunkel

2
Dämmerung zieht vorüber
die Durchlässigkeit begrenzt
von den Bergen des Traumverlusts

Dann aber ein sichtbares Blau
lichtgetupft von Straßenlaternen
die Bilder der Dörfer

quietschende Eisenklänge
Schienenreibung Gleisübertritt
Umschaltungen mit denen du ruckelst
aufgerüttelt von der Wahl neuer Wege

3
Die Bahnhöfe sind voll
laut gewordene Geschäftigkeit
der Reisenden schweigt vor sich hin

nicht gestellte Fragen in den Gesichtern
ungewiss des Kommenden
an den Stellschrauben der Züge
bleiben die Uhren stehen

Einstieg und Ausstieg
durch die gleichen Türen
du siehst in die Ferne
vollendest die Gedanken
in den Schranken möglicher Störungen

Aber die Vögel
fliegen darüber hinweg

4

Im Kopfbahnhof verdichten sich
die Richtungen ein Triebwagen gestört
auf Umwegen ausgetauscht
Landschaft im Stillstand
Verspätung mit Aussicht

in den Wiesen schwärzt sich das Röhricht
vom Zuruf des Windes in den Blätterwirbeln
Tiefnebel schleicht zwischen Haltepunkten

wenn der Zug die Fahrt wieder aufnimmt
hat sich die Richtung geändert
verlorene Zeit wird aufgeholt
Höchstgeschwindigkeit
reißt die Hügel aus den Tälern
wie wildgewordene Rennpferde

5
Durch den Tunnel gezogen der Vormittag
Luft blubbert in den Röhren
zwischen vorbeifliegenden Zügen
Tempo das auf die Ohren drückt

Fahrgäste lenken sich mit Laptops ab
verhandeln das Wettrennen der Wirtschaft
Vertröstungen Entlassungen Bedauern

im Fensterausschnitt leere Vogelnester
verhakte Verlassenheit im Kahlgeäst
Mispeln haben sich eingewildert
weiße Blasen Schaumstoff
der Wünsche und Hoffnungen

Norwegen

Im Selbjörnsfjord

Immer wieder Geröll
Steininseln mit scharfkantigen Graten
ragen inmitten des Selbjörnsfjords
aus dem Tiefblau

darüber Lachmöwen kreisen
rasten schwingen auf

an den Felswänden
flüchten Erikafelder in den Himmel
verdichten Gräsergrün Fichtenbewuchs

Leuchttürme wachen über Fahrrinnen
Bojen markieren Seewege
für die Wendepunkte des Lichts

am Pier in Brandasund
blickt ein Seemann in die Ferne
eine Linie erahnend
am Horizont der Wünsche

Bootsfahrt

Zerklüftungen der Eiszeit
Poseidons Wasserarme greifen aus Untiefen
nach Felswänden mit starken Planken
wäscht sie gelb im Flutbereich

Möwen landen auf taumelnden Schären
hüpfen übers Steinland
Wellen raunen in der Wasserschlucht
im Spülsaum schweben lauernde Quallen

inmitten der Fahrrinne holpert der Schiffsboden
rumpelt rau schrammt mit Eisenklängen
über Steinspitzen die aus der Tiefe wachsen

„Gestern war noch alles frei",
ruft am Steuerrad der Kapitän
des ausgemusterten Postschiffs
den Passagieren zu

Im letzten Jahr lag die Granvin
leckgeschlagen am Felsrand

Im Hordaland

Inselland aus Felsgespränge
Brücken verhaken die Wasserländereien
schlagen Pfeiler in den Meeresboden
Haltepunkte im Unbeständigen

Tunnel verbundene Landzungen
schlürfen Sand aus der Flut
die Quallen ausspuckt wie Bittermandeln

schwarze Schafe grasen unter weißen Schafen
auf Wiesenhängen die ins Tal führen
Kühe dösen gesättigt im Mittagsschlaf

längst sind die Goldminen abgegraben
das Edelmetall ausgeschöpft
Grubenlampen werfen Licht ins Dunkel

aus der Ferne klingen Shantys
aus vergangenen Tagen
rufen nach Fischern und Netzen
die über Dächer geworfen

Sommerhäuser staunen leis
über den späten Fang
sie blenden weiß wie Licht

Spaziergang auf Bömlo

In der Frühe Nebelfrische
Kreischen und Krähen
über dem Strandhaus
mit eingerissenen Brettern
verwitterten Holzwänden
Vögel sammeln sich auf dem Dachgrat

am Steg schaukelt ein blaues Boot
als wollte es Häusern winken
deren Fenster im Sonnenlicht
vom gegenüber liegenden Ufer
herüberblinken

Ackerwinde schlingt sich
mit schneeweißen Blüten
um Bäume und Zäune
Ebereschen hängen voll mit Vogelbeeren
am Wegesrand senkt Fingerhut
den purpurnen Flötenkopf

auf gelben Blütensternen schwärmen
Hummeln und Bienen
schwanken verzückt auf der Süßspur
betrinken sich weltentrückt
am himmeloffenen hellsichtigen Tag

Am Stavanger Dom

Seevögel kreisen pendeln
zwischen Ölplattformen
und Hafengelände

am Dom schreien dutzende Möwen
beißend ohrenbetäubend
gellen aus vollem Hals
drohen sich mit Flügelschlagen
im Kampf um Sitzplätze

eine fliegt auf landet
auf der Haube der Parklaterne
thront majestätisch
mit himmlischer Aussicht
über den lärmenden Artgenossen

im benachbarten See paddeln
Schwäne und Enten unberührt
sie stören sich nicht
am Gerangel des Vogelvolks

sie putzen ihr Gefieder
für den Goldlack
den die Sonne
über die Wasserhaut sprüht

Winter im Stavanger Hafen

Eiswind des Nordmeers schlägt Böen
ins Hafengesicht der Fähre
die zur nächsten Überfahrt am Kai lagert

der Wellenschlag wiegt
ein gelöschtes Frachtschiff
skandiert von Möwen im Aufwind
die über dem Futterplatz kreisen

am Fuße der Meeresbrücke
von der am höchsten Punkt der Stahlseile
ein Tannenbaum strahlt
werfen die weißen Schmuckhäuser der Altstadt
weiße Lichter auf die Wasserfläche
die den Glanz leuchtend widerspiegelt

die Masten der Segelschiffe erwidern
blinkend das Licht
abgetakelt rucken sie an den Seilen
als wollten sie sich
vor der frohen Botschaft verneigen

Weihnachtszeit in Stavanger

Den Pflastersteinen der Gassen
folgen Passanten in die Fußgängerzone
deren Straßenseiten Lichtgirlanden
mit Weihnachtskugeln verbinden
vor bunten Fassaden
flackern in den Laternen
der Altbauten große rote Kerzen

unter den Heizstrahlern
der Kaffeehausmarkisen
werden Sitzbänke mit Lammfellen,
lila Kissen und roten Decken ausgepolstert

hinter den Fenstern genießen Gäste
zu amerikanischen Weihnachtsliedern
darin Rentiere durch den Schnee stapfen
heiße Schokolade

über allem ragt die Kirchturmspitze
steile Gassen führen zu ihr hinauf
wie ein Sternenlauf
Pilgerwege für Besucher und Tauben

Wind flüstert merry christmas
verströmt in den Straßen
den Harzgeruch der Tannengebinde
eine Mutter wiegt ihr Kind im Arm

Schottland

Wintersturm über Edinburgh

Dunkelgrau reiben Wolkentürme
sich an den Tragflächen des Flugzeugs
das im Gegenwind sich durch Luftschichten zwängt

immer wieder sackt die Maschine durch Löcher
wankt nach links wankt nach rechts
um die Fluglinie langsam wieder auszubalancieren

im Sturmtief über Edinburgh
versucht der Pilot das Holpern der Maschine zu erklären
die an Fenstern sitzen greifen nach Tüten und beten

endlich taucht im Sinkflug die Landebahn auf
in dem von Böen durchwirbelten Airport
weisen Lichtfeuer die Richtung aus

die Windfront reißt über die Gangway
rüttelt am Rumpf und dem Treppengeländer
an dem Aussteigende Halt suchen

blass blicken die Fluggäste
ringen sich zur Gepäckausgabe durch
die sich verzögert und mit der Durchsage endet
dass sämtliche Flüge und Landungen
ab sofort gestrichen sind

Im Apex Hotel, Waterloo Place

Orkanböen peitschen durch die Princess Street
in der Mülleimer verschoben klappern und rappeln
Schirme werden herumgedreht
Besucher flüchten sich in die Gasthäuser

es ist leer in den Straßen Edinburghs
vereinzelt fahren Autos auf Parkhäuser zu
um das Abklingen des Sturms abzuwarten

im Apex Hotel sammeln sich in der Hotelhalle
die immer wieder getrocknet wird neue Gäste
sie warten an der Rezeption auf ihre Anmeldung
die sich hinzieht durch den Ausfall der Computer
Schlüsselkarten werden neu programmiert

nach der Wartezeit erholen sich
die im Sturm Angekommenen
an der Bar mit Bier oder Champagner
erzählen und lachen

wenn die Außentüren geöffnet werden
klirren am Tannenbaum die Glocken
aus Lautsprechern in den Ecken
strömen Weihnachtslieder
Freitagabend vor dem dritten Advent

Edinburgh

1
Ein Riesenrad dreht
sich langsam im Schneegriesel.
Schneemänner grüßen.

2
Dudelsackspieler
aufgereiht im Schottenrock.
Kinder klatschen laut.

3
Nikolausgarden
bevölkern die Prinzessstreet.
Die Pfeifen rufen.

4
Das Schwarz der Steine
von Eisengittern umzäunt.
Stahlseile rattern.

4
Möwen verharren
auf den Hauben der Schornsteine
Wärmekissensitz

Schottischer Advent

Parade der Weihnachtsmänner
im Princess Street Garden
auf der Bühne am Fuß des Vulkangesteins
hoch droben thront Edinburghs Burg
Dudelsackspieler tragen Schottenröcke
auf Vätern reiten Kinder

in der Talsohle unterhalb des Weihnachtsmarktes
laufen Menschen auf dem präparierten Eisfeld
auf Kufen zur Weihnachtsmusik
Scheinwerfer spiegeln sich auf der Tanzfläche
Pirouetten verdoppeln sich

Buden locken mit Mullet Wine und Whisky
Seefisch und deutscher Bratwurst
wer friert sucht nach Mützen und Handschuhen
ein Händler verwandelt trockenes Pulver
mit Wasser in künstlichen Schnee

die Pferdchen des Karussells drehen sich
Kinder winken Eltern aus Kutschen zu
die Gondeln des Riesenrads
steigen langsam auf und ab
am oberen Punkt blicken die Fahrgäste
den Besuchern des Scott Monuments
direkt in die Augen

nahe dem Dichtersitz umwickelt ein Lichtschlauch
den Handlauf einer Rutschbahn
die sich um einen Kegelstumpf windet
auf dem Dach der Weihnachts-Bummelbahn
ziehen weiße Rentiere weiße Schlitten
am Riesenrad hält sie an

fährt einen halbrunden Wendekreis
für die Rückfahrt an den Anfang des Weihnachtsrummels

Im Pub

Im Pub gärt der Whisky,
durch die Luft, Rauch getrübt,
winken Gäste dem Barkeeper zu.

Eine Runde Bier, a pint of heavy,
verlässt den Ausschankplatz.
„Slàinte mhath" prosten die Gäste sich zu.

Lautes Plaudern der Stammkunden,
jemand zwängt sich durch die Enge,
ruft „Halò a huile duine."

Generationen von Familien
bevölkern die Gaststätte,
soupieren und diskutieren.

„Alas my love you do me wrong"
stimmen die Stammgäste an,
jemand packt die Fidel aus.

„Last orders" ertönt es von der Bar.
Gäste bestellen den letzten Drink und singen
„Should auld acquaintance be forgot"

In den Wohnungen
endet die Nacht.

England

RAMSGATE I - Seefahrt

Hochwassermarke

Sonnenpunkte schimmern auf dem Schliff der Wellen
flutendes Wasser spannt sich vom Horizont ans Ufer
peitscht hinter der Fähre her die sich gegen den Pier schiebt

ein Frachtkahn krächzt heran von Wasservögeln umflogen
spähend nach Fischfang angebellt von Wachhunden als fände
der Krieg der Tiere im Hafenbecken einen Neubeginn

in kurzer Entfernung wirft der Matrose die Ankerleine
vertäut die Grenze einer Wirklichkeit
die den Himmel absucht nach Bestand

das Auge ahnt den Fingerzeig der Hochwassermarke
ein Maßstab der an nichts gebunden scheint als den Zufall
gebrochen von der Einmaligkeit eines Ereignisses

Messwerk der Erinnerung

Die Barke hängt am Pflock des Abgestandenen
Kapitän Hooke spukt sich durch das Leintuch
für das Messwerk der Erinnerung totenbleich

aufgerollt das Bramsegel hängt schräg im Seil
dreht den Wind in die alte Richtung
bis das Zeitpendel in die Gegenwart zurückschlägt

im brackigen Kielwasser steht das Steuerrad still
stemmt das Tau das Gewicht einer Vergangenheit
die als Abenteuer noch in unseren Köpfen kämpft

Keilschrift der Seefahrt

Im smaragdgrünen Hafenwasser schwanken die Boote
über dem fossilen Plankton das am Abend die Farben frisst
aus den Scharten der Wolken löst sich die Keilschrift der Seefahrt

alles haftet an den Irrläufern des Windes
rüttelt an den Pagoden
der Balkone vor hohen Häuserfronten
eines Einschlags aus Shanghai

hinter der Verzerrung lösen sich die Worte der Armut
zwingt ihr Joch über die Dächer
und nimmt die Ferne einer spärlichen Hoffnung auf

Absperrungen

Im faulen Lehm lagern die Kristalle der Zeit
die Absperrungen der Andockflächen locken Losgelassene
ihren Grenzen entronnen üben sie ein wildes Verteidigen
jagen im windigen Jetzt Verlockungen hinterher

ein kaltes Spiel wirbelt in den Haarrissen der Gegenwart
spiegelt eine Silhouette des Wohlstands
zerknittert die Haut unter dem Einfluss des Erhitzten
die Wunden des Vertrockneten heilen im Regen

Doppelpunkte der Dämmerung

Der Blick verschwimmt in den Doppelpunkten der Dämmerung
das Schlepptau einer Bö fegt in Intervallen das Grau des Firnis
hievt die aufkommende Nacht auf Sternpfähle

Zinnober senkt sich in die Fugen der Farblosigkeit
einer Angst der Ausweglosigkeit gewiss
löst sich im Labyrinth des täglichen Absinths aus
und ergreift Seefahrer wie Bodenständige

am Stock der Zeit rühren nicht Gebote und Gesetze
Menschen sind das Machwerk göttlicher Eingebung
und frei von unabänderlichen Dogmen

Sandbild

Wasserflecken leckt der Wind und träufelt sie
auf das Gesicht des Sandbilds das die Nacht überdauerte
in den Kuhlen wohnen bald Sandfliegen und Seefenchel

der Tag sammelt das Licht hakt es in die Ösen des Bogens
spült unbeeindruckt von Feststehendem die Farben weich
und zeigt den Seeschwalben die Richtung an

für den Flug in die Wärme die wartet auf den Kuss
des Morgenmunds aufblühend am Saum des Horizonts
dunkelsilber noch trunken vom Gesang der Sternenbilder

Sprache des Ozeans

Das Glitzerfeld im Strahlenkranz der Sonne strebt zum Licht
blaue Inseln in sandfarbener Wasseroberfläche
von Silberstreifen durchbrochen

am entfernten Küstenrand klebt ein trübes Band
glimmt in den Aufhellungen türmt Häusergebirge auf
als einen Abdruck menschlicher Behausungen
im mystischen Fels den der Nebel ausblich

im Wind hängt die Sprache des Ozeans
kreiert mit den Seevögeln ein vereinigtes Königreich
als fände der Eroberungskampf eine Wiederkehr
in den Anlandungen der Wellenkämme

Entladungen

Behäbig funkelt die Meeresebene spiegelt grelle Blitze
senkrecht fallen sie aus Wolken auf den Wellengrat
verdampfen zu einer Säule die nach oben schlägt
in die Schlieren von Flugzeugen ins Gewölk verströmt

plötzlich scheint alles so nah
als könnte man den Finger legen
auf die Spur der Entladungen und sich emporschwingen
ins Unerreichbare für einen Augenblick
trägt mich die Stille an die Stelle des Lichts

das Scheppern der Stahlseile entreißt mich der Trägheit
des Vormittags er streut sein Gemurmel
über das Hafengelände zwischen die Dockarbeiter
die an Abgrenzungen die Gitterstäbe des Tages neu ausrichten

Früher Mittag

Am frühen Mittag schlafen Seevögel auf dem Hafenasphalt
hoffen auf die Nahrung des Kutters der sich Zeit lässt
als wäre ein Feiertag entflohen und alle Arbeit abgesagt

in Wasserlachen spiegelt sich Grüngestein
Grasmatten wirft ein Erdschatten von der Hafenausfahrt
auf die Wege der Landungsbrücken zu den Booten

wiegen sich an den Stegen in den Schlummer
rot gerieben an den Farben des Taus ausgebrannt
vom täglichen Treiben auf der Fahrt nach mehr

Mittagsglocke

Salzkrusten haften an angeschwemmten Algen
in Sandfeldern landen Brachvögel wächst Blasentang
sorgt Windfeuer für die Verwirbelung der Zeit

bunte Bojen markieren die Fahrrinne für das Motorboot
läuft am Ankerplatz ein die Konturen der Fahrt
von Sonnenstreifen nachgezeichnet

lassen Nähe und Ferne zu vor der Mittagsglocke
ein Lastkran neigt unentschlossen sein eisernes Maul
auf die Frachtfähre senkt ihre Rampe erstarrt

Luxemburg

Waistrooss

Weinstraße Luxemburgs
Taverne des Lichts
im Übergrün
sonnenbefangen

Terrassen der Rebstöcke
beschatten den Hang

Trauben betrinken sich
am Spätsommer

im Haff Réimech
hüpfen Teichrohrsänger
Eisvögel stürzen in Seen

Schengen

Rebenreihen
beherbstet
stürmen den Hang
sonnendurchhellt
zerfließt ihr Gelb

rotes Weinlaub
entflammt
Trauben im Trockenbrand
besüßt im Blau
in lichter Aue

Moselpromenade

Moselwasser perlt
blau gesättigt

Linden beschatten
das Ufergrün

Laub gelichteter Höhenblick
Alleen vergolden sich

Schwanengesang

Kupferwurf der Sonne
Schattenfall
im Regenrost

Rotlicht
zugeblättert
im braunen Harsch
ehe Winterschläfer
das Unterholz besiedeln

all meine Schwäne
wildern über die Hügel
fliegen auf weißen Flügeln
den Glast aus
den das Dämmern übrig ließ

Schattenspielzeit

auf der Mosel Lichtscherben
ein Schwan zieht davon

Remich

Moselgestade

Laubschleppen
gelbgrünes Weidenkleid
Borkenkrepp Lebenszweig

Blattrispen
rotgrüner Eichenrost
Herbstkronen Astgeschoss

Graspolster immergrün
Halmschöpfe ockergelb
Binsen und Farne
Stiele gefächert
Wollgras im Wasserglanz

Blatthorste blau bereift
Halmwedel silberhell
weißes Gefieder
Esche und Ahorn
Mosel im Schwanentanz

Frankreich

Auf den Boulevards

Wie der Sonntag, der seine Würde über alles legt,
was ihm näher kommt, in der Morgenandacht der Straßen,
die seltsam still sind und leichte Luft das Fromme wiegt,
in der Rue la Fayette, wo jeder Schritt nach Leben klingt
und Neugier weckt, die meinen Augen Unruhe verleiht,
der Blick auf Sacré-Coeur, auf das Dach der Kuppel,
deren Weiß durch Seitengassen flimmert im Häusergrau
und meinen Lippen Worte entlockt und Schweigen,
wie das Tanzen des Laubs, das sein Grün im Lichtrausch gewann,
sind Minuten wie Bruchstücke, zusammengefügte Splitter
der Boulevards, die den Mittag erwarten und Menschen,
die nach Sonnenplätzen haschen und dem Augenblick,
der die Leidenschaft an die Tische der Straßenlokale trägt.

Bois de Boulogne

In jenem Sonnenton, der aus Wolken Hitze saugt
und über den Bois de Boulogne streut, im tiefen Grün der Cité,
wo die Rose das Herz der Umarmung liebkost,
unter dem Himmel, der sein Königsblau in La Bagatelle verlor,
auf den Bänken, von Vogelpaaren besungen,
schwirrt ein Licht, warm und scheu,
als wollte es die Schönheit beschützen
vor dem Schleiertanz, den manche vor sich selbst aufführen.
In dieses weite, längst entrückte Strahlen
ergibt sich mein Blut, errötet meine Haut,
dieser Aufschrei der Seele, die das Unberührbare in Händen hält
für diese Stunde, in der die Sehnsucht in den Höhen liest.

Erotischer Nachmittag

In jenen Höhen, in denen Licht sich verschleißt und erbleicht,
wo das Zittern auf den Lippen bebt und Zeit verschlingt,
auf dem Wendepunkt der Lust, die den Gemächern entfloh
und nun fruchtbare Böden küsst, umhaucht mich der Atem
deines Wimpernschlags, gelöst in der Liebe der Stadt,
deren Wände Süße verströmen an einem Nachmittag
in der Rue de Rivoli, nahe dem Herzstück der Seine,
deren Türkis den Staub der Eile fortspült
und Spaziergänger fesselt, die wie Ertrinkende
an Ständen suchen nach Gemälden,
gefangen von erotischen Farben,
gehalten vom Duft des Begehrens,
gebannt von der Pont Neuf,
dem Brückenschlag
zwischen Traum und Wirklichkeit.

Paris en magie

Les lumières sur la Seine
dans la nuit hors d'haleine.
Le cours d'eau ceci gémit
et une étoile d'amour sourit.

Les bateaux sans bruit flotte
cette obscurité complot.
Là coeur-plongé dans cette beaux ville,
la vie connecte prudemment un fil.

Que Paris s'imagine,
quelqu'un de ceci s'incline
et la douceur jure la demande,
magie consacre bien le monde.

Paris im Zauber

Lichterglanz auf der Seine
spiegelt atemlose Nacht
seufzend perlt ihr Wasserlauf
zärtlicher Liebesstern lächelt

leise treiben Schiffe
im Komplott der Dunkelheit
herzversunken in der Stadt
Leben am seidenen Faden

was Paris sich erträumt
ist jemand der sich verneigt
vor der Süße die Begehren beschwört
wenn ihr Zauber die Welt weiht

Le chant des villes

La tendresse de la ville
elle rougeoie dans les airs
sens d'haleine qui les cils
dispersant la lumière

nous revons à le soleil
résistant à la chaleur
si les rues appareillent
que tu saisis le cri du coeur

chant des lieux sur le tableau
le jour lucide fete le printemps
désir des yeux désir des mots
si la passion s'éternisant

Das Lied der Städte

Zärtlichkeit einer Stadt
glüht in Windes Fängen
Wimpern sanft versprengen
Lichtes Atemstatt

Sonnenflaum Traumes Feld
überströmt von Wärme
Glücksschrei süße Schwärme
paart die Straßenwelt

Tageslicht Frühlingsfest
Städte singen Bilder
Wort und Aug sehnt wilder
Ew'ges Liebesnest

Vormittag in der Champagne-Ardenne

Rosskastanien breiten majestätisch
ihre Äste über Wiesen aus
rosa Blütenkerzen brennen in den Himmel

im Gänsemarsch schlendert
am Zaun entlang eine Kuhparade
unter überhängendem Gesträuch
lässt sie sich für ein Schäferstündchen nieder

Weizen schosst messerscharf in die Höhe
ins samtgrüne Feld stößt Luftgebläse Wellen
bis das Getreide die Klingen kreuzt
Rapsfelder verlieren ihr Gelb

in Ceffonds schneidet die Kirche
ihr Mauerwerk in die Straße
weist Pilgern den Weg zur Kapelle
für das Stundengebet des Frühlings

Fachwerkhäuser lehnen sich zurück
empfangen Goldregen und Fliederblüten
vor den Toren des Eingangs
von blauen Schwertlilien bewacht

Aubigny sur Nère

1
Taubengesellschaft auf den Zinnen
am Fuß der Geschichte
Grabenkämpfe an der Nère

in der Rue du Prieuré
lärmendes Treiben der Fahrzeuge
der Leerstand unübersehbar

an den Tischen des Bergerac
wird hofiert parliert diskutiert
kein Wassertrinker der Weinverkoster ächtet
kein Biergenießer der Rauchende verstößt

Hundertschaften von Blumendüften
des benachbarten Floristenladens
weht der Maiwind herüber
umhaucht die verweilenden Gäste
mit den Aromen natürlicher Begegnungen

2
Die haushohen Standarten
geteilter Farben blähen auf
Segelschiffe der Gegenwart
fliegen gezipfelt durch Jahrhunderte
französisch-schottische Verbindung
Maria Stuart war hier

in grünem Karo der Wachpostenrock
im Museumshof aus Blech
Drahtfiguren mit Zepter
Blumen verhangene Fenster
Gartenidylle auf weißem Kieselstein

längst ist das digitale Zeitalter
angekommen in der historischen Stadt
Häuserzeilen mit britischem Akzent
rufen Internetverbindungen zwischen
Anglais und Francais auf

3

Fachwerkhäuser stilgerecht restauriert
dienen Rauchschwalben als Nistplätze
sie fliegen zwischen den Seiten hin und her
als hätte es Fremdherrschaft nie gegeben

landen zielgenau zur Fütterung
des vielversprechenden Nachwuchses
der die Köpfe aus den Nestbauten streckt
aufkrähende Schnäbel gewiss

ein weißes Taubenpaar auf dem Dachgrat
des Brautmodengeschäfts turtelt
treu Liebende mit Aussicht auf Ewigkeit

4
Um sechzehnuhrfünfundvierzig
läuten die Glocken der Sankt-Martinskirche
übertönen Redeströme und Fahrgeräusche

im andächtigen Kirchenraum
Besinnung Gebet Kontemplation
kein Blitzen von Fotolinsen erlaubt

derweil es draußen unentwegt
weiter knattert und brettert
 in der Geschäftszone

es hallt in den hohen Himmel
technische Bekenntnisse
welche die Sonne in
blaue und gelbe Streifen reißt

5

Im Innern der Bar des Bergerac
rauchen Schädel und Aschenbecher um die Wette
im Nebeneinander Jubel und Verzweiflung

Hunde liegen draußen unter den Tischen
den Kommandoton des Herrchens im Ohr
Promenadenmischungen liebäugeln mit Frauchen
gelockte Vierbeiner mit Zugkraft
robben sich hoffnungsvoll
miefernd und schniefernd zum Aufbruch

Mitdreißiger pflegen Konversation
mit Cocktail und Longdrink
während junge Mütter mit Kinderwagen
der Zeit davon rollen

6
Im Dreisternehotel La Chaumière
logieren Geschäftsreisende
Männer mit weißen Hemden
Frauen mit bunten Blusen
Sprachgewirr mit Kultur

die gemauerten Innenwände des Restaurants
mit kleinteiligen Fliesen rufen
die Zeit der Pferdekutschen wach
an den Wänden der Flure
Bilder im Glanz vergangener Jahre

Suiten und Zimmer
im Stil mittelständischen Komforts
ausgestattet mit neuester Technologie
verbreiten den Charme
langer bürgerlicher Traditionen

zu Kir Royal und Pastis
serviert der Küchenchef
kulinarische Grüße mit Genussstufe

der Bordeaux atmet die Traubenlehre
ganzer Generationen
sub dictum rosa
liegen die Geheimnisse
auch heute noch
in den Weinfässern

Vorherbst

Am Vortrag des Septembers weiß man nicht, ob es Spätsommer oder Frühherbst ist. Übergänge sind zuweilen verschwenderisch in der Vielfalt ihrer Farben und Empfindungen. In der Frühe schossen die Strahlen der Bewässerungsanlage wie Fontänen eines Springbrunnens in die Luft und nässten das Grün des Golfplatzes mit vortrefflichem Guss. Danach drang ein erdiger, modrig-feuchter Wiesengeruch vom Tal her in die umliegenden Gästehäuser ein, so dass es im Geiste schon wieder frühlingte.

Hier Frühling, dort Sommer und morgen Herbst. Was treibt einen mehr an als die Zwischenzeit, das scheinbar Stillstehende und doch unentwegt Ruhelose, denn es will werden, werden. Der Wandler Herbst schafft es so leicht wie die Blätter, uns in die veränderten Landschaften zu bugsieren. Ja, wir fragen nicht einmal danach, ob es vielleicht nicht immer so bleiben könnte, wie es gerade ist, das Wahre, Schöne, Gute. Wir gliedern uns wie selbstverständlich in den Kreislauf der Natur ein, schließen uns diesem an und dann auf für das Kommende.

Wie anders könnte es auch sein, wenn Gottes Schöpfung in unseren Köpfen Drachen steigen lässt, noch einmal in uns den Übermut der Kindheit wachruft, wo wir das Grenzenlose machbar dachten, das Formlose gestalten wollten nach unseren Vorstellungen? Wie überhaupt wir von der Vorstellung leben, dass jeder Herbst etwas zu Ende gehen lässt, bevor die Natur in den Winterschlaf fällt. Dabei ist gerade der Prozess dieser Wandlung ein Neuanfang, ein Nachdenken, Überdenken, Weiterdenken. Kann so am Ende das Ende einer Zeit stehen, die sich doch nie selbst beschließt, ein Kreislauf, der fortfährt, wieder und wieder?

So wie die Sonne am letzten Tag des Sommers – wenn man den Meteorologen folgen will, beginnt der Herbst bereits am ersten Septembertag - als zitronengelbe Glaskugel das Licht durch die Bäume wildert und wir dankbar die milde Wärme aufnehmen, die sie uns schmeichelnd schickt. Das Licht sendet uns viele Botschaften. In diesen Tagen legt es sich um uns wie ein zärtlicher Kokon, als wollte es sagen:

> „Komm in meine Wärmestube,
> ich will dich nähren
> für die Reise
> ins Reifende,
> ins Wandelnde.
> Ich bin das Licht,
> die Wahrheit,
> das Leben."

Die biblische Kraft heischt uns an. Ich sage: „So lass es denn werden, Herbst und wenden." Dieweil mir der Wind vorausschauend um die Ohren streift.

Nicht schlecht Herr Specht

Zu Sommers Abschied haut ein Specht
die Schnabelsäge in den Ast.
Zur Mittagszeit im letzten Glast
wird aus dem Zimmermann ein Knecht.

Dies ist dem Eichhörnchen nicht recht,
es schläft grad süß in seinem Kobel,
wird wachgerüttelt durch den Hobel,
die Ruhe durch den Krach geschwächt.

Der Vogel bohrt sich in den Bast
und denkt: das ist nicht schlecht, Herr Specht!
Als um das Nest er weiter zecht,
wird es dem Hörnchen doch zur Last.

Es schlägt die Krallen zum Gefecht
und stellt das Fell auf wie ein Zobel.
Der Specht denkt: dieses Fell wär nobel,
als Innenfutter gar nicht schlecht.

Das Hörnchen springt flugs an die Höhle,
will jenen Störenfried verprügeln,
der droht mit aufgeschlag'nen Flügeln
und schreit aus voller Vogelkehle.

Das Hörnchen, wirr von dem Krakeelen,
trifft jenes Nest nicht ganz genau.
Die losen Brocken aus dem Bau
des Hörnchens Köpfchen nicht verfehlen.

Getroffen fällt der Streiter nieder
auf einen Wurzelstrang des Baums.
Der Specht, verwundert dieses Traums,

trällert den Wald voll Siegeslieder.

Da setzt ein Rotfuchs , der dort schnürte,
zum Sprung an auf die leichte Beute,
als sich des Spechtes ganze Meute
auf diesen stürzte und Wind schürte.

Der Fuchs, erschrocken, lies ihn liegen.
Die Vogelschar schlug weiter Wind,
das Hörnchen lag taub wie ein Kind.
Kein Specht wollte da weiterfliegen.

Als zehn Minuten schon vergangen
schlug's Hörnchen seine Äuglein auf,
der Schwarm vor Freude pfiff zuhauf.
Da wollt Hörnchen nichts mehr verlangen,
hat sich nie mehr bei Spechts verfangen.

Altweibersommer

Es ist wahr, der September nimmt Platz im Kalender. Gleich in der Früh schwebte über den Wiesen ein schmaler, dichter Nebelstreifen durch die Dämmerung, daraus aufsteigend nieselnder Dunst, weiß, bleich, zerfasert. Von den Dingen, die man nicht lernen muss, sondern einfach weiß, ist die Gewissheit, dass nun andere Tage folgen, eine Aussicht, die man mit Zuversicht und Genugtuung zur Kenntnis nimmt. Auf die Natur ist eben Verlass! Das Herz spürt sogleich, woran es ist. Welche Ader auch zuerst in einem anschlägt, der Nebel ist in diesen Tagen wie ein Seismograph der Veränderungen, ein Vorhersager des Kommenden. Indes ein Wetterprophet ist er nicht immer.

Wenn die Sonne die Tautropfen sichtbar nachzeichnet und sie sich in der Wärme schließlich ausfunkeln und verdampfen, wenn die zarten Spinnfäden wie Perlenschnüre die Ritze der Mauern verschließen, trocknet es langsam wieder ab. Es wird einem warm ums Herz, wenn die filigranen Spinnteppiche auffliegen und davon schweben, die Schirmmützen der Eselsdistel von der Luft abgehoben und verweht werden und der milde Wind uns noch einmal um die Nase streift.

Die Sonne steigt höher und mit ihr der Gesang der Vögel. Wie viele werden wohl bleiben und wie viele wiederkehren? Es ziept und fiept, ein Vogellied nach dem anderen wird noch einmal abgesungen, das Gurren der Tauben in den Ästen hallt, es raschelt und klopft. Wie werde ich sie vermissen, diese bewegten Morgenstunden, die, mit prallem Leben angefüllt, mich aus den Träumen reißen, aus meiner Schläfrigkeit, meiner Trunkenheit. Der erste Abschied kündigt sich in diesem Jahr so sanft wie möglich an. Die letzte Schönwetterperiode im September, die man Altweibersommer nennt, lässt nicht nur Spinnen we(i)ben. Der Morgen webt ebenso unablässig neue Farben ins Licht, in den Tag, der sein Hellblau freigibt wie Ampeln ihr Grün.

Parc Ornithologique du Teich, Bassin d'Arcachon

Der Vogelkundler

Von vorne hört man's klappern, krähen, kreischen,
das in der Stille um so klarer klirrt,
wie wenn Gespenster, in der Zeit geirrt,
nun sichtbar um die Wasserflächen schleichen,

um Hecken, dunkle Höhlen zu erreichen,
sich aus dem Licht die Dunkelheit entwirrt,
kein Schmetterling ihnen entgegenschwirrt,
dem sie, die Tarnung wahrend, müssen weichen.

Doch schleichst du selbst auf Vogelkundlers Fluren,
versinkst du haltlos in Entdeckerspuren
wie ein Gespenst, das aus der Zeit sich denkt,

sich heimlich an den Aussichtsplatz hinrenkt
willst unverstellt das ungestörte Treiben
der Vogelwelt ganz nah dir einverleiben.

Vogeldemokratie

Von unten fällt der Blick auf hohe Bäume,
die ein Gezweiggewirre auf sich tragen,
aus welchem rote Stelzen aufrecht ragen,
die scheinbar wachsen in die blauen Räume.

Auf Gräsermatten tritt, auf Federfläume
die Storchenmajestät mit hohem Kragen.
Mit starken weiten Schwingen ohne Zagen
sie auf Gewässern aufschlägt weiße Schäume,

wo sie mit ihren langen Schnäbeln klappern,
mit ihresgleichen ausgelassen plappern.
Ein kleiner Buchfink plötzlich sich es wagt

und lauthals seine liebe Ruh einklagt
im Vogelpark. Schließlich sei es demokratisch,
dass Kleinvolk mitspricht, meinte er sokratisch.

L'île aux oiseaux

Von allen Seiten sieht man, wie zwei Hütten
auf Pfählen über Wasser triumphieren,
in welches die Kanäle sich verlieren
und Meeresvögel. Wellen sich entschütten

und branden, welche üppig wie aus Bütten
aufgefüllt mit Fischen, Schalentieren,
die Austernbänke ständig inspizieren,
sich überschlagen, wieder überschütten,

sich unterspülen, als wären sie geworfen
von langer Hand, den Boden zu entschorfen:
aus Fluten steigt's und lagert sich an Stränden,

als wären unsichtbar sie angetrieben,
von alten Zaubersprüchen wundgerieben,
den Überfall der Fischer zu beenden.

Arcachon

Und laut und leis strömt stetig an die Banden
das Binnenmeer, das aller Zeit, getrost
den Dünen, Gras bewährt und grün bemoost
die Wälder, durch Bonaparte entstanden,

ein Neues abgerungen, zu verlanden,
was unentwegt sich ändert, Schaum umtost
in wilden Wassermassen, Wind behost.
Nur Vögelzüge Jahr für Jahr dort stranden,

wo Legallais Hotels gebaut ans Watt
fürs Seelenheil. Die Pracht der Sommerstadt
begründeten die Villen und Chalets,

die solchem Strömen heute sich ergeben,
das Fülle bringt, lautes und leises Leben,
gehüllt in duftend blühende Bouquets.

Herbstbeginn im Pinienwald

04.09.2017

Wir zählen zu den letzten Gästen der Saison und genießen die einkehrende Ruhe der Bäume. Noch einmal sehen wir, wie die Eichhörnchen sich an Pinienstämmen hochkrallen, anhalten und in der Senkrechten weiterlaufen, bevor sie im Geäst Sprungkünste vorführen, die manche Artisten in Versuchung bringen würden, ihnen nachzueifern, wenn sie nur wüssten, wie sie es anstellen müssten.

Heute Morgen rasten gar drei dieser kuscheligen Pelztiere an den Stämmen hoch und fauchten sich gegenseitig an. War dies ein Paarungsversuch oder schon das Verteidigen der Futtertröge oder ein Kinderspiel ums Besser, Höher, Schöner? Jedenfalls gaben die sonst stummen, possierlichen Nager schrille Schreie von sich. Beginnt so der September? Unfriedlich, aufgescheucht und kämpferisch? Die Sonne beteiligte sich nicht daran. Sie stieg vom Horizont als pralle Orange auf und bestrahlte alles, was sich ihr in den Weg stellte. Da dachte ich: „Hier bin ich Mensch, hier darf ich sein." Ach du mein Goethe! Wie hättest du dieses Spektakel beschrieben, vielleicht als Lehrling der Jahreszeiten, der den Sommer loswerden will?

> Strahle, strahle
> pralle Hitze in die frühe Morgenstunde,
> dass mit Wärme schwillt das Fahle,
> heilt die kühle Sterbenswunde.

Die Dichter fanden viele Worte für diese Zwischenzeit. Der Übergang von der Morgendämmerung in den lichten Tag war heute jedenfalls unüberhörbar. Rehe sind in diesem Frühherbst noch keine durch den Wald gelaufen. Letztes Jahr kamen sie bis an die Müllcontainer, hielten kurz an und liefen wieder hinter die Einzäunung des Feriengeländes. Auch ein Wildschwein schaffte es schon hinter die Abgrenzung, grunzte missmutig auf einer Terrasse, bevor es den Weg zurück nahm. Weniger laut wanderten die mit uns verbliebenen Gäste ins Dorf, um im Lebensmittelladen das Frühstück zu besorgen. Sie kamen noch leiser zurück. Diskretion herrscht hier im Pinienwald, denn hier leben Mensch und Natur miteinander in Eintracht. Ein fürstliches Vergnügen empfindet man, in diesen Tempeln des Wohllebens weilen zu können.

Da schon Napoleon die Gegend um das Département Gironde bevorzugte, fühlen wir uns ebenfalls wie Gott in Frankreich. „Gebt dem Kaiser, was des Kaisers ist", steht geschrieben und so geben und nehmen wir auf, was vor Jahrhunderten hier schon gelebt wurde: die Stille des Augenblicks, den Frieden der Bäume, das Licht des Himmels. Erholung par excellence im September, Balsam für die Seele.

Die Tauben gurren auf erhabenen Ästen und tanzen sich an. Der Lockruf der Natur erfasst plötzlich alles Lebendige und so schwirren die Spatzen vereint von Strauch zu Strauch, von Ast zu Ast. Manche Vogelarten zwitschern ihren Nachkommen, wo das pfündige Morgenmal in den Sträuchern und Hecken zu finden ist. Vogelgespräche, Kolumnen der Futtersuche, Anzeigen der Fundstellen. Ach ja, wie genüsslich der Herbst sie noch einmal versorgt, damit alle vorsorgen können. Wenn die Blätter fallen, wird das Scharren, Herausholen und Wiederverscharren zur lebensnotwendigen Routine der Waldbewohner. Indes stoßen die Wachposten mancher Vögel Warnschreie aus zur Revierhaltung und Hauspflege.

Die Friedenstaube

An einem frühen Sonnentag,
als aller Wald in Ruhe lag,
erklomm ein Hörnchen, flink und flux
den Pinienstamm ohne Gemux.

Es speiste von der Zapfenquelle,
zerbiss die feste Zapfenpelle.
Weit hallte unverhohl'nes Schmatzen.
Da hört es doch ein andres kratzen!

Dies war nicht recht, denn dieser Stamm
gehörte ihm, ein jedes Gramm!
Doch dem Besucher war dies gleich,
die Zapfenkron' war aller Reich.

Er räkelte zum Nachbarast,
der Zapfenwuchs wie eine Quast
dort prangte und mit viel Genuss
holte es aus zum Räuberschuss.

Da wackelte es im Geäst,
das Hörnchen krallte sich ganz fest
und fauchte jenen Räuber an,
damit er floh. Dem lag nichts dran!

Er sah voll Mitleid an das Hörnchen,
blies ins Gesicht ihm letztes Körnchen.
Das war zu viel, 'ne Kriegserklärung!
Der Kampf entbrannt um die Ernährung.

Das Hörnchen setzte an zum Sprung,
der Dieb war schneller, war noch jung.
So jagte ihn der alte Hase

durch das Geäst mit Spürhundnase.

Sie stießen schrille Schreie aus,
ununterbrochen, ohne Paus',
bis aufgewacht der ganze Wald
vom Kampf der beiden mit Gewalt.

Zur Pinie hin 'ne Taube flog,
aus Flügeln eine Laube bog.
Da hielten ein die Kampfgenossen,
kauerten sich an Astes Sprossen.

Die Taube sprach: „Euch sei's gesagt,
wenn ihr nur einen Schrei noch wagt,
fliegt auf das ganze Vogelheer
und flügelt Wind wie Sturm am Meer.

Wir wirbeln weiter, machen Dampf,
bis aufhört ihr mit eurem Kampf!
Es gibt genügend Pinienkronen,
die sich für jedes Hörnchen lohnen.

Reicht euch die Krallen, Frieden sei.
Im Wald sind alle Tiere frei!"
Da duckten beide ihre Köpfchen,
die Augen funkelten wie Knöpfchen.

Sie krallten sich zum Friedensgruß
und zogen ab auf leisem Fuß.
Der Taube Spruch zum Himmel schallt.
So ruht in Frieden nun der Wald.

Österreich

Fünf Uhr morgens in Taxenbach

Himmelsgestirne
feiern im Dunkeln die Stille.
Scheinwerfer erhellen den Gebirgskamm,
markieren die Höhendifferenz
des Gschandtner Bergs,
die sich allmählich verkleinert.

Die Schutzhülle der Nacht
gewährt auch den Rastlosen Schlaf.
Schnee tändelt leichtfüßig ins Tal.
Das rote Blinklicht des Streuautos
verkündet Straßenglätte,
weckt die Schläfer auf.

Im Fensterkreuz blinzelt Licht.
Ich spüre den Wind
der durch die Ritzen zu mir spricht.
Wunderbarer Morgen,
schenkt mir Gelassenheit,
nur zu sein.

Gasteiner Ballade

Zwischen Bergspitzen raucht Nebel,
ist der Sonne Augenknebel
im Gasteiner Tal.

Eingepfählte Wegpassagen,
zugeschneite Höhenlagen,
der Brückensteig ist schmal.

Spuren zeichnen meinen Tritt,
Ferne fällt mit jedem Schritt.
Das Bild verblasst, wird fahl.

Von Dorfgastein bis Laderding
ein Sonnenschweif in Gipfeln hing,
des Wand'rers liebste Wahl.

Der Achenpromenade nach
vereistes Gras am Ufer brach,
die Erde quoll schwarz auf.

Nach Stunden dann Bad Hofgastein,
der Thermentempel lud mich ein,
der warme Wasserlauf.

Ich gönnte meinen Füßen Ruhe,
löste meine Wanderschuhe,
beendete die Qual.
Erholt der Stadtbummel begann,
ich mich der Wegstrecke entsann,
der Kilometerzahl,

die ich grad hinter mir gelassen,
konnte ich es nicht recht fassen.

Es war einmal

die Lust, das Winterherz zu finden,
die Zeit in der Erinn'rung binden,
der Suche heil'ger Gral.

Brixen im Thale

Kohlschwarze Grate ragen auf,
gipfeln den Wilden Kaiser
mit einer Schneeweißkrone.
Die hohe Sonne schärft den Blick
spiegelt sich auf flach abfallenden Steintafeln,
das Licht zurück werfend in den tiefhängenden Himmel,
der sich mit Wolkengrau vollsaugt bis das Blau versiegt.

Entlang der Tannenlinien streifen Dunkelflächen
das Immergrün des Nadelwalds, ziehen über Felsen hinweg,
verbinden den Hochbrixen mit der Choralpe
und legen Windseile um die Steinanker
für die Adler, die sich von Seite zu Seite hangeln.

Ein Husky kauert an der Übungswiese,
bewacht rutschende Kinder,
die ungeachtet der Eintrübung
vergnügt den Schnee durchpflügen.

Wintermärchen

Dort, wo sich das Licht trifft,
auf dem Blauweiß der Zweige,
auf dem Schneefeld,
das Besucher nicht kennt,
auf der Eiszone,
die ein Gebirgsbach durchmisst,
in den Kältenebeln des Morgens,
schwindelt in meinen Augen
das Märchen, das man Winter nennt.

Es flüstern Kristalle,
klirren Tannenzapfen,
stöhnt Gebälk unter der Eistracht,
eine Sinfonie aus Weiß.

Im Dunstkreis

Ein Dunstkreis hält den frühen Tag gefangen
welch Gähnen bleicher Wolken, deren Hauch
umherzieht, sich verpustet, seinen Schmauch
auf breiten Tannen ablädt; weiß behangen

der Kurpark Wege wähnt und Bänke, Stangen
am Teichrand, jeden Zweig an jedem Strauch.
Die Wasservögel kreisen um den Lauch
der Gräser unbekümmert, gefangen

im Griesel. An Bad Hofgasteines Thermen
sich Gäste Leib und Seele wärmen.
Ich wandere im Frost entlang der Ache

nach Hundsdorf, Fronten sind dort gleicher.
Der Tand verblasst, Konturen werden weicher,
die Sonne wirkt, aus Schnee wird eine Lache.

Einkehr

Bad Hofgastein umwirbt ein warmes Licht.
Am Stubnerkogel blendet es den Gipfel,
die Wolken spannen ihre weiten Wipfel,
hoch droben trüben Dunstfelder die Sicht.

Ozon bedrängt im Tal die graue Schicht.
Folgt Einkehr auf den schlechten Wetterzipfel
genügend Ausgleich schaffen mürbe Kipfel
auf Sahneeis. Kaffeearoma mischt

sich in den Mittag voller Festtagssprüche,
tischt Nobles auf aus edler Sternenküche:
ein Festmahl, das die Sinne schnell besticht.

In Gaumenfreuden schwelgen trunken Gäste.
Nur draußen hellauf knistern alle Äste.
Bad Hofgastein umwirbt ein warmes Licht.

Winterwege

Im Zentrum wandern frostgeschützt im Nerz
die Gäste unbekümmert auf geräumten Wegen,
flanieren um den Teich auf schmalen Stegen,
als wäre Kälte ein Dezemberscherz.

Die Enten ihn beschnattern Terz für Terz,
wie Windgesänge, die in Tannen fegen
nach Schneegestöber. In den Wildgehegen
die Tiere Nahrung wittern. Ein Futterherz

am Kreuz der Hütte baumelt. Von harschen Tritten
gestört verlassen sie die Lichtung. Mitten
im Schneeplüsch ziehen Pferde eine Kutsche.

In Decken eingepackte Passagiere
durchrattern holpernd Rotwilds Waldreviere.
Dem Wagen wird das glatte Eis zur Rutsche.

Bad Hofgastein

27.12.2000
Radon ist das Edelmetall, das die Münzen hier zum Klingen bringt und all jenen, die sie ausgeben, Regene-ration verspricht. Nach vier Jahren bin ich wieder hier, hier in Bad Hofgastein. Mir scheint, dass sich nichts verändert hat. Die Berge glänzen in der Sonne und das Kurzentrum behütet nach wie vor seine Ruhe. Die Stätte der Gesundheitspflege zieht immer noch mehr ältere als jüngere Jahrgänge an.

Bad Hofgastein umwirbt an diesem späten Vormittag ein warmes Licht, das auf seine Besucher ausstrahlt. Die Pensionen, Kurhotels und Therapiezentren sind weih-nachtlich hergerichtet. Der Schmuck der Fassaden verschönert das ohnehin malerische Straßenbild. Auch die Privathäuser sind gepflegt. Man findet nur wenig Nachlässiges in den Seitengassen. Es ist nicht überall Erste Klasse, aber fraglos mittelständisch. Hier könnte man sein Alter zubringen, nichts regt auf. Ob dies allerdings dauerhaft zum Wohlbefinden beiträgt, weiss ich nicht. In dieser Ruhe könnte man auch lebendig begraben sein.

Das Panorama ist traumhaft. Der Tourismus hat ihm nichts anhaben können. Der Tourismus hat es mitge-schaffen. Ob er es auch irgendwann wieder zerstört? Was bliebe zurück, wenn die Gäste ausblieben? Was bleibt zurück, wenn die Gäste weiterhin kommen?

Hier sagt man ,Grüß Gott' und obwohl ich diesen Gruß zuletzt vor über dreißig Jahren dem Pastor und der Schwester meiner Gemeinde entbot, kommt er ganz natürlich über meine Lippen. Mir ist, als wäre die Zeit stehen geblieben, die Tradition ungebrochen, zumindest vordergründig. Österreich, das Land der Könige und Kaiser, der Sissi und der Donaumonarchie. Wie viele Klischees liegen in diesen Grenzen und wie viel Ungesagtes frisst hinter den Fenstern die Seelen auf?

Regt sich etwas hier, seit dem Haider die Menschen im In- und Ausland verschreckte? Ich bemerke nichts davon. Die Suche nach Erholung ist unpolitisch. Ich nehme die Eindrücke dieses Ortes ohne Blessuren auf, sie tun mir gut. Das Licht, das vom Stubnerkogel aus die Wolken durchdringt, scheint bis in die letzten Winkel. Es überfällt auch mich und zaubert eine Freude, die alles Bedenkliche aus dem Augenblick verbannt. Dies ist eine Wohltat, kann ich doch sonst meist nur die Schatten wahrnehmen, das Graue, das auch Schönes trübt. Angesichts dieses Gefühls beschließe ich, mich ganz der Frische der Bergluft hinzugeben, frei zu atmen und Kraft aufzunehmen, die mir wohl bald wieder fehlen wird. Auch wenn mein Kreislauf des Öfteren streikt, stört mich dies nicht. Die Ruhepausen schenken mir Zeit, mit Muße in den Himmel zu schauen.

In der Fußgängerzone begegnet man dem Aufmarsch der Nerzmäntel. Man spricht italienisch. Das Gediegene der gut Betuchten durchbrechen die Skifahrer, die Sportlichen, Lässigen. Es ist bunt und das ist gut so. Und während ich mit meiner Kamera die Gegenwart festhalte, nähert sich die Mittagszeit mit dem Geruch feiner Speisen. Ich sollte mir eine Pause gönnen und meiner Nase das Sagen überlassen.

28.12.2000

In der Nacht hat es geschneit und um sechs Uhr in der Frühe regt sich schon das Leben. Laternenlicht ruht auf dem Kirchenplatz und leuchtet die angrenzenden Straßen aus. Es ist still und so schallt jedes Geräusch in die Höhe. Jemand geht mit seinem Hund Gassi, das Räumfahrzeug drückt den Schnee von der Straße, einige eilen bereits davon. Den Neuschnee zeichnen bald Spuren menschlicher Gesellschaft. Als ich um zehn Uhr das Hotel verlasse, sind bereits viele auf den Beinen. Ich habe den Eindruck, dass neue Gäste angekommen sind, so viele Menschen sind in der Fußgängerzone anzutreffen. Der Schnee rieselt in wässrigen Flocken und ich schlage meine Kapuze über den Kopf.

„Es sind doch Deutsche da", sagt eine Österreicherin zu ihrem Begleiter. Mit deutschen Gästen hat man wohl weniger gerechnet und wundert sich nun, dass einige sich nicht haben abschrecken lassen. Gesprochen wird überwiegend Weanerisch, ansonsten hört man italienisch, englisch und russisch.

Heute gehe ich über die Kurpromenade, vorbei an der Gemeindeverwaltung und dann ins Kongress-zentrum. Ich erkundige mich über die abendliche Rodelfahrt und setze mich anschließend in den Lesesaal. In den Salzburger Nachrichten steht ein Artikel über die Suche nach qualifizierten Internet-Spezialisten in Österreich. Die Schwierigkeit läge darin, dass Österreich kein Einwanderungsland sei und man der globalen Marktentwicklung hinterherrenne. Die Frage, ob Spezialisten wohl nach Österreich kommen würden, wird mit einem Vergleich deutscher Ausländerfeindlichkeit beantwortet. In Deutschland würden ausländische Arbeit-nehmer auf der Straße angegriffen, dies geschehe in Österreich nicht. Und weiter berichtet man von Zoll-fahndungen nach deutschen Rindfleischimporten. Offensichtlich ist die Presse nicht gut auf Deutschland zu sprechen. Der Boykott hat lesbare Spuren hinterlassen.

Der Lesesaal ist gut besetzt und da keine andere Zeitung mehr frei ist, mache ich mich wieder auf den Weg. Diesmal will ich mir die Schlossalmbahn ansehen, eine Standseilbahn. Die Skifahrer bevölkern die Warte-zone und wenig später kommt sie angefahren, die Seilzugbahn. Wie viele Personen sie wohl fasst, frag ich mich und ich muss an das Unglück am Kitzsteinhorn denken. Ob man in diesem Gefährt überleben würde, sollten die Seile reißen? Wohl kaum. Ich habe gesehen, was ich sehen wollte und spaziere in Richtung Kurpark.

Es ist diesig, die Schneewolken hängen tief ins Tal und die Sonne lässt auf sich warten. Dennoch gerate ich in eine Schneelandschaft, die ich seit längerer Zeit so nicht mehr gesehen habe. Der Kurteich ist leicht übergefroren, einzelne Sträucher stechen aus der Eisschicht. Der Schnee hat weiße Kugeln daraus geformt, Wattebälle, deren Anordnung rein zufällig ist. Am Ende des Teichs ist die Wasseroberfläche noch offen. Wildenten tauchen darin herum und hüpfen auf die dünne Eishaut.

Auf großen alten Tannen liegt der Schnee handbreit auf. Bei leichten Windstößen fällt er hin und wieder zu Boden, eine Winterwelt, geeignet für ein Postkartenbild. Nur die Sicht ist durch den Dunst stark getrübt. Die Hänge des Kreuzkogels sind weiß verhüllt, einige Berghütten sind zu sehen, die Schwaden ziehen an ihnen vorbei.

Ich laufe die Wiener Allee hinunter, die 1985 den Wiener Besuchern gewidmet wurde. Die Gasteiner Ache säumen auf der anderen Seite Wohnhäuser. Von deren Fenstern aus muss man eine schöne Aussicht auf den Kurpark haben. An der 1936 erbauten Achenbrücke verlasse ich den Wanderweg und laufe in den Ort, der sich Hundsdorf nennt. Hier ist es weniger feudal, aber immer noch ansehnlich. Mir scheint, die ortsansässigen Hofgasteiner sind eher in diesem Viertel zu finden. Doch die Zeit, mich auf ein Gespräch einzulassen, bleibt nicht. Meine Jacke ist vom Schnee schon durchnässt und ich muss zurück, bevor ich mich erkälte und mir einen Schnupfen hole.

29.12.2000

Es ist Freitag. Mein Weg führt mich wieder ins Ortszentrum. Ich suche das Hotel Alpina, das ein eigenes Hallenbad vorweist. Ursprünglich wollten wir in dieses Hotel. Es war jedoch ausgebucht. Vom Zentrum der Ortsmitte aus gelange ich in wenigen Minuten an das Haus, dessen Thermeneinheit von außen sichtbar ist. Ein Glaspavillon gewährt Einblick auf Kurgäste, die sichtlich entspannt auf Liegen die Zeit genießen. Der Eingang liegt auf der anderen Straßenseite. Auch er ist mit Tannengirlanden umrankt, wirkt weniger feudal, aber dennoch einladend. Das Hotel muss viele Gäste aufnehmen können, so groß wie seine Ausmaße sind.

Ich bedaure für einen Moment, dass keine Zimmer mehr frei waren und wandere wieder über Seitenstraßen zurück in die Fußgängerzone. Im Lesesaal kann ich diesmal die Frankfurter Zeitung erhaschen. Es ist weniger Betrieb und so setze ich mich an ein Fenster mit Ausblick. Das Weltgeschehen ist nicht ermutigend. Dieser Jahreswechsel lässt nicht viel Gutes zurück.

Während ich einen Artikel des Vorsitzenden der Bundesärztekammer zur Embryonenforschung lese, spricht mich eine etwa achtzigjährige, sehr gepflegte Dame an. „Sie haben die Frankfurter Zeitung! Ich komme extra wegen dieser Zeitung her. Könnte ich sie nach ihnen bekommen? Ich sitze da hinten am Fenster, sehen sie. Aber lassen sie sich ruhig Zeit, meine Tochter kocht heute, da kann ich warten. Wir haben hier keine so gute Zeitung wie diese, mein Kompliment." Sie versichert mir weiter, warten zu können, ich soll in Ruhe zu Ende lesen. Dann geht sie zu ihrem Fensterplatz zurück.

Jetzt fällt es mir schwer, konzentriert weiter zu lesen. Ich muss den Artikel zweimal lesen. Meine Einstellung zur Embryonenforschung ändert sich nicht. Es ist jedoch beruhigend zu wissen, dass auch Mediziner das Klonen von embryonalen Stammzellen aus rein wissenschaft-lichen Gründen ablehnen. Die Forschung beansprucht lediglich die sogenannten überzähligen Embryonen aus künstlichen Befruchtungen, da diese ohnehin getötet werden müssten. Stimmungsaufhellend ist dies alles nicht. So überfliege ich das Feuilleton und bringe der netten Hofgasteinerin das lang ersehnte Journal.

Ich bummele durch die Einkaufsstraße und gehe in ein Sportgeschäft, da ich seit längerer Zeit gerne einen typisch alpinen Strickpullover kaufen will. Ich hoffe, dort ein zu mir passendes Teil zu finden. Und tatsächlich, ich habe Glück. Voller Freude verlasse ich die Einkaufsstätte und mache mich auf die Suche nach weiteren Mit-bringseln.

30.12. 2000

Der Tagesbeginn überrascht mit Neuschnee. Dieser Schnee ist nicht wässrig. Er hat sich über das gesamte Stadtbild gelegt und übertrifft meine Vorstellungen von Winter. Ich muss die Kamera holen und filmen. Dies muss ich aufbewahren für weniger schöne Zeiten.

Wieder kommen mir Bilder aus vergangenen Zeiten vor Augen. Damals, als ich noch keine Überlegungen zum Leben und Überleben anstellen musste, als ich noch mit großen Augen alles um mich herum ohne Reflexion aufnehmen konnte und die Natur abmalen wollte. Dieses Verlangen packt mich auch jetzt, ein Bild zu malen von diesem Wunder an Natur.

Es ist außergewöhnlich schön und ich bedaure, dass meine Tage schon vorüber sind. Die Sonne blinzelt am Horizont, wir haben Kaiserwetter. Ein rund herum schöner Tag erwartet mich und das letzte, was ich von diesem Ort mitnehme, ist die Vergegenwärtigung, dass es doch noch Winter gibt. Das weiße Kleid der Landschaft schimmert und glitzert. Die Straßen sind vollkommen weiß, der Verkehr ist erlahmt. Die Spaziergänger setzen bedächtig einen Schritt vor den anderen. Heute muss man Zeit aufbringen und Zeit ist das einzige, was mir jetzt fehlt. Ich weiß, irgendwann komme ich wieder her und bis dahin muss mir mein Filmmaterial ausreichen.

Missverständnis am Fulseck

Noch einmal es versuchen, Wiederanfang und unwiderruf-lich das dritte und letzte Mal, dieses Begehren, die Schneepiste zu erobern, den Skibrettern die Stirn zu zeigen, die Freifahrt ins Tal zu gewinnen. Die Skilehrerin hat Geduld mit mir und meiner Angst. Meine Füße sind bereits erstarrt. Talbein, Berg-bein und Innenski, plausible Erklärungen für Fahrtechnik, Kurven und Bremsmanöver. Alles funktioniert, es ist ja so ein-fach und das Gefühl, dazu zu gehören, wäre wundervoll. – Wäre da nicht der Gedanke an das Mögliche!

Der Sturz ist nicht besonders hart. Hilfestellung beim Auf-steigen. Weiter geht's. Linkskurve, Rechtskurve und nach drei Stunden Übungen die Probe: Einbremsen ins Markierte. Die auf dem Schnee liegenden roten Stangen warnen mich: Hier musst du mit dem Fersenfuß mächtig aggressiv in die Innen-kante steigen und dann nach außen ziehen. Mir kommt der erste Zweifel. Und so zuckle ich dank meiner Vorsicht drei Meter in Fahrt und Pflug und Innenski nach außen schieben. Ich stehe! Alles geht gut.

Dann die Kurvenprobe. Stangen gesteckt und Richtung begrenzt. Darüber fahren bedeutet hinzufallen. Der zweite Zweifel. Der Winkel ist so klein. Derart enge Kurven und ich soll das schon können? - Der zweite Sturz über's Gestänge. Meine Handgelenke schmerzen, die Knochen melden sich. Doch es geht wieder. Hilfe-stellung beim Aufsteigen. Mir zit-tern die Knie und meine innere Stimme sagt: Hör doch auf! Hör doch endlich auf! Das kannst du nicht! Tröstende Worte der Skilehrerin: Üben, immer wieder üben. Das geht schon. Aber du musst tun, was ich dir sage. Aktiv fahren.

Oh ja, ich bin aktiv, sehr aktiv. Mein Zustand ist eine Mi-schung aus Wagemut, Angst und Trauer. Noch verstehe ich jedes einzelne Wort, jede Anweisung, jede Erklärung für mein Versagen. Doch es hilft nicht. Nein, eine Psychologin ist sie nicht. Die Angst bleibt, diese irrationale Blockade.

Ich versuch's trotz alledem noch einmal. Meine Technik soll gut sein, sagt sie. Sie muss es schließlich wissen! Man schaut mir zu. Auch das noch! Ich ärgere mich über meine Unbeholfenheit, nichts in mir sagt: Zeig's denen oder jetzt erst recht! Dieser Siegeswille ist nicht vorhanden. Meine Erklärungen lauten: Wenn du aufhörst, ist der Stress weg. Aber ich soll ja anders denken: es geht schon, keine Halbherzigkeiten, du kannst das. Ich bin absolut einsam und zugeschneit da oben. Der drei Meter hohe Aufstieg steigert meine Pulsfrequenz und das Kniezittern. Ich kann nicht, ich kann nicht! Aber ich muss jetzt runterfahren!

Vom Talbein auf's Bergbein und Gewicht verlagern, damit ich die Kurve krieg'. Ich höre ihre wohlgemeinten Worte. Ich habe Angst. Meine innere Stimme sagt: Ich kann nicht, ich kann nicht! Und sie sagt: Rechter Ski in Fahrtrichtung und links umsteigen. Doch ich sehe vor mir die roten Stangen auf dem Boden liegen und drei Meter weiter die Rückfront der Brandalm. Mir ist klar, wenn ich jetzt nicht mehr bremsen kann, rase ich in die Almwand. Es ist plötzlich alles unverständlich laut, ich verstehe nichts mehr, ein schwarzes Loch. Jetzt ist es zu spät, keine Linkskurve mehr möglich, nur noch bremsen, bremsen.

Der letzte Sturz, mein rechtes Wadenbein schmerzt, meine Zehen krampfen, meine Arme sind verdreht. Wieder die Erklärung, dass nichts passieren kann, eben nur hinzufallen. Das ist nicht weiter schlimm, ungefährlich, es kann doch nichts passieren! Doch ich weiß, es hat mir jetzt endgültig gereicht. Ich will durch keine schwarzen Löcher mehr fahren, mir nicht mehr beweisen müssen, dass ich das auch lernen kann. Ich muss nicht alles können! Mein Selbstbewusstsein kann doch nicht vom Skifahren abhängen! Ich will nicht mehr, weil ich nicht mehr kann und ich kann nicht mehr, weil ich nicht mehr will. Nur meine Skilehrerin kann das nicht verstehen.

Schöne Bescherung

Samstag vor Heiligabend. Elisabeth Hollischek schmückt den Tannenbaum und räumt die überzähligen Glocken in die Schachteln zurück. Sie knipst die elektrischen Kerzen an und sagt zu ihrem Mann, der neben dem Tannenbaum auf der Couch sitzt und in der Zeitung liest: "Na bravo, es brennt. Do follt mir grod ein. Liebling, mogst ma des Licht in der Diele vor Heilig-abend austauschen? Es flimmert jetzt schon wochenlong, als wenn'd im Prater im Lusthaus sitzen tätst."

Er schaut sie an und sagt verständnislos: "Mochst wohl Scherze? Unser Haus a Lusthaus? Des wüsst i ober. Dös Lichtertl is scho long aus. Ausgerechnet heut noch soll i das Birnchen austauschen? Des is doch das anzige, wos hier noch flimmert. Jo glaubst vielleicht, i bin dein Elektriker? Dös konnst gonz schnell vergessen."

Die Frau ist leicht pickiert und sagt: "Jo, wennst meinst. Dann soll's holt weiter flimmern, wenns bei dir nimmer brennt. Vielleicht schaut's jo von draußen wie a Lichterkett aus."

Sie geht an den Kühlschrank um das Abendessen vorzubereiten. Die Tür lässt sich nicht mehr fest verschließen. Sie sagt: „Vaflixt, des hob i gonz vergessen. Die Tür schließt nimmer. Bittschön, mogst vielleicht die Kühlschranktür nachschauen. Sie geht nimmer gonz zu. Olls kühlt in der Küch aus. Man könnt meinen, wir würden in am Leichenhaus wohnen, so kolt wie dös is."

Der Ehemann blickt etwas genervt aus der Zeitung auf und sagt: „Wos, wos host du grod gsogt? Unser Küch wär so kolt wie a Leichenhaus? Moanst du vielleicht den Weaner Friedhof. Do schpühn's wenigstens noch a Wolzer om Grob von Johann Strauß. I soll dir jetzt die Kühlschranktür in Ordnung bringen gonz ohne a Musi? Jo glaubst du, i bin a Handwerker? Dös konnst gonz schnell vergessen."

Die Frau wird langsam ärgerlich. „So, des mochst ma a net mochen! Jo vielleicht is das zu schwierig für a Fiaker. Der braucht a nur die Peitschen schwingen statt selber laufen. Es gäb noch wos zum Tun. Vielleicht konnst ma dobei hölfen. Guck dir unsere Holztreppe im Stiegenhaus o. Stell dir vor, des wär Schloss Schönbrunn und unsere Kaiserin Sissi tät Hof holten om Stephanstog, da würden's jo oll Leit drum herum stolpern anstatt Wolzer tonzen."

Der Ehemann ist nun sichtlich genervt und poltert: weiter „Ha, an Schloss! Und donn a noch Schloss Schönbrunn! Du wollst doch schon immer hoch hinaus. Weißt wos, bei dir tät's noch net amal für a Hofdame reichen. Und jetzt meinst, i soll vor Weihnachten noch den Hammer schwingen und oll's, wos di im gonzen Johr net gstört hot, in Ordnung bringen? Jo krutzifix, bin i a Schlosser, Elektriker, Zimmermonn oder an Fiaker? Mir reicht's jetzt. I geh zum Heurigen am Grinzinger Weinsteig. Do gnehmig i mir a poa Viertel auf den Schreck. Vielleicht find's jo an Dummen, der des oll's noch vor Weihnachten mocht. I jedenfolls net."

Am nächsten Morgen sitzt Elisabeth Hollischek summend am Kaffeetisch in der Küche und liest in der Zeitung. Der noch betrunkene Ehemann kommt herein und hat ein schlechtes Gewissen: "Mein olles Sissilein, Liebling, wer hot des denn oll's gmacht? Das Lusthaus beleuchtet, Wolzer von Strauß aufgelegt und den Aufgang zum Schloss grett?"

Die Ehefrau dreht sich um und sagt: „Jo, wos hätt i denn mochen soll'n, wann's du nur granteln kannst und ins Wirtshaus läufst? I hob den Nerzmantel von der Tante Ida übergworfen und bin an Fiakerplatz am Stephansdom glaufa. Deine Kollegen hobn mi gonz verdutzt ogschaut. Do hob i laut gschrien: Hülfe, Hülfe! Die Donaumonarchie geht unter."

Der Ehemann fällt erschrocken in den Stuhl: „Jo bist du denn noch gscheit! Wos host gmocht? Bei di Kollegen bist glaufa und hast um Hülfe geschrien?"

„Gnau, des hob i gmacht. Und weißt, do kummt a ungarischer Rittmeister, a gonz junger, weißt. Der hot mi ogschaut und gfrogt, wieso denn die Donaumonarchie untergehn würd und wos i für a Hülfe braucht. I hob erzählt, wos olls schief läuft bei uns, weil du net imstand bist, mir zu hölfen. Mein Gspusi würd lieber beim Heurigen sitzen und a Wein trinken. Wos meinst, hot der do gsogt?"

„Wos, wos soll der scho gsogt hobn, wie der di gsehn hot in dem oiden Nerzmantel? Woascheinlich, dass du die Kurvn kratzen sollst! Und außerdem, wos geht des überhaupt d'Leut an, wann i beim Heurigen sitz. Des is jo nedlich, so wos!"

„Jo, wenn's meinst. Jedenfalls hot mir der Rittmeister angeboten zu hölfen. Aus oita Verbundenheit zu meiner Namensvetterin der ungarischen Königin Sissi!"

„Jo so a Strizzi! Noch so a deppata Sissianhänger. Am besten mochst a Club der enterbten Monarchisten auf. Hot der vielleicht a noch a Uniform oghobt, der Gspinnerte?"

„Na, des net grod. Aber fesch woar a scho. Jedenfalls wollt er mir hölfen."

„So, hölfen wollte a. Wos hot a denn gsogt, wos des kosten soll?"

„Er hot gsogt, er tät olls wieder in Ordnung bringen. Des Anzige, wos i mochn müsst, wär entweder mit ihm das Lusthaus wieder zu beleben oder ihm a fürstliche Sachertorten zu Weihnachten zu backen."

„So, so, es sind auch schon Kaiser gstorbn. Is noch a Stickerl von der Torten übrig?"

„Jo glaubst vielleicht, i bin die königliche Hofbäckerei?"

Wiener Oper

Elisabeth Hollischek hatte gerade die Linzer Torte aus dem Backofen genommen, den Tisch mit Kaffeegeschirr gedeckt. Der Ehemann kommt herein und setzt sich an den Tisch. Sie stellt die Torte auf den Tisch.

Die Ehefrau setzt sich hin und sagt stolz: „Mogst vielleicht die Linzer Torten scho kosten?"

Der Ehemann liest in der Wiener Zeitung: „Linzer Torten? A Weanerin backt a Sachertorten."

Die Ehefrau sagt leicht genervt: „Willst jetzt a Stickerl oder net?"

Der Ehemann grantelt: „Dem Kaiser hättst des net hingstellt."

Frau Hollischek verteidigt sich: „Dem Franz net, aber dem Kaiser Maximilian I. Auf's Schloss hätt i ihms bracht nach Linz. Der hätt sich ganz sicher gfreit."

„Maximilian von Linz - schüttelt den Kopf - in welchem Jahrhundert bist du eigentlich zhaus? Die Habsburger regiern scho long nimmer. Unser Kanzler haast Sebastian Kurz."

„Jo, schad is scho. schwärmt Obwohl der Sebastian Kurz genauso schneidig ausschaut wie der Franz woar."

„Jo kriag i jetzt a Stickerl von der Torten oder muss i vorher noch an Frack anziehn?"

Ehefrau legt ein Stück Torte auf seinen und ihren Teller: „Mogst auch an Kaffee?"

„Jo, Kuchen ohne Kaffee, wo gibst denn so was?. Host ach an Schlagobers?"

Frau Hollischek gießt Kaffee aus: „Na, Sahne is ma ausganga."

Der Ehemann bemerkt bissig: „Du wärst besser ausganga als da Schlagobers."

„Wie moanst denn dös jetzt?"

„Du hättst besser vor dem Backen olls eingholt."

„Ach so. Na ja, i hobs net aufm Zettel drauf ghabt."

Beide beginnen Kuchen zu essen und Kaffee zu trinken. Die Ehefrau blättert im Weihnachtsprogramm der Wiener Oper.

Sie begeistert sich: „Du, die Wiener Oper hot an tolles Programm über die Weihnachtstog. Tschaikowskis Nussknackerballett, das Weihnachtsoratorium und die Zauberflöte. Bestimmt is wieder olls ausverkauft."

Herr Hollischek referiert: „Jo, des is guat fürs Gschäft. Do kuman die feinen Herrn mit die Damen und lossen sich durch Wien kutschieren. Dös gibt a scheenes Trinkgöld."

„Fiaker müsst ma sein. *(seufzt voller Sehnsucht)* Wos meinst, solln wir auch in die Oper gehn?"

Der Ehemann entrüstet sich: „Wos, du und i, in die Oper?"

Die Ehefrau schwärmt: „Warum net? Do könnt i endlich wieder mein schickes Kleid und den Nerzmantel auftragen." Der Ehemann entgegnet schroff. „Dös konnt's auch ohne die Oper. Gehst mit dem oiden Mantel von der Tanta Ida halt in den Prater."

„Oider Mantel? Wos kann i denn dafür, dass du mir keinen gscheiten Mantel schenkst?"

„Jo bin i vielleicht a Göldspucker oder an Fiaker?"

Die Ehefrau schwärmt wieder: „Jo, jo, is scho recht, ober die Leit im Parkett, weißt, die schauen immer so feierlich aus."

Herr Hollischek regt sich auf: „Na servas, wann i die in der Kutschen sitzen hob, san di goar net feierlich. Do redens nur gschwollen doher. Und die so gonz nobel san, stehn am Würschtlstand, verdrücken die Debreciner und geben ka Trinkgöld."

Sie grittelt: „So, so. Wann i mit dir im Fiaker sitzen tät, würds du dann a Trinkgöld gebn?"

Herr Hollischek stellt fest: „I red von die noblen Herrn, net von am Fiaker!"

„So, so. San die Fiaker net nobel? Bist deshalb so grantig? Host vielleicht Angst, i würd di für an noblen Herrn holten?"

„Wos, wos moanst dann domit? An Fiaker is wos Bsondres, der foart nur in Wean."

Die Ehefrau räsoniert: „A Kutscher is a Kutscher."

Herr Hollischek regt sich auf: „Wos haast, a Kutscher is a Kutscher? An Fiaker foart die holbe Wölt durch Wean, von der Oper zum Heurigen, vom Lusthaus zum Stephansdom. Oll Leit hob i schon durch Wean gfoarn. Do soll a Fiaker nix Besondres sein?"

„I hob net gsogt, dass du nix Besondres wärst."

„So? Host net?"

„Na, i hob gsogt, dass du an Kutscher bist."

Der Ehemann ist empört: „Jo, a Kutscher is a Kutscher, host gsogt. Als wenn i net nobel sein könnt. Wann i in die Oper mit dir gehn würd, tät i jedenfalls an Champagner trinken un net so an gzuckertes Wasser un außerdem tät i an Weaner Schnitzel bestölln anstatt am Würschtlstand umadum stehn un den Senf vom Finger schlecken."

Die Ehefrau sagt verschmitzt: „An Fiaker geht also doch in die Oper, trinkt Champagner und isst Weaner Schnitzel?"

„Dös hob i gsogt."

Frau Hollischek sagt voller Freude: „Hob i doch gwusst, dass'd nobel sein kannst, wennst willst. Dann bestöll i jetzt Karten für die Zauberflöte von Mozart und an Tisch im Restaurant Albertina."

Der Ehemann grantelt wieder: „Mozart, wieso denn Mozart? Bist a Weanerin oder a Salzburger Nockerl?"

Die Ehefrau entgegnet: „Bist du an Fiaker oder an Kutscher?"

Italien

Primiero

Ins Blau gemeißelt. Granitgebirge sprengt
die Weite majestätisch. Wolkenfall
ins tiefe Tal hinab. Umschützt sein Wall
San Martino di Castrozza und Primiero. Mengt

Gewächs, Gehölz, Getier. Im Land sich's drängt,
Geschichte und Geschichten. Tirol – ein Hall
aus Dolomitenklang. Von überall
beströmen dich Besucher. Eingezwängt

dein Bild. Cismon beruhigt das Treiben
auf den Plätzen, sein Fluss zwingt zur Einkehr
den Betrachter. Kristallgewässer trotzt dem Wehr

der Felsensteine, wogt, sich's kräuselt. Bleiben
im Ohr zurück die Töne des Parlandos
und von den Hängen der Adler schrill Kommandos.

Moena

1
Massiv aus Fels begrenzt das Fassatal.
Im Westen ragt empor der Rosengarten,
im Osten Alpe di Lusias Gipfel warten
und Latemars Gebirge kappt die Zahl

der Zufahrtsstraßen. Wer trotz der Qual
Moena will besuchen muss bald starten.
Die zugeschneiten Wege jene narrten,
die meinten, vieles stünd' zur Wahl.

Doch nur die Via Dolomiti führt
zur Heimat der Ladiner. Deutlich spürt
der Gast die tausendjährige Geschichte.

Das Straßenbild, von altem Handwerk stolz geprägt,
verrät die Herkunft: Die Giebel in den Berg geschrägt.
Gesteinswelt macht Auswüchse schnell zunichte.

2

Die Via Löwy säumt getünchtes Fachwerk,
Fassaden eingefärbt in Rosa, Gelb und Blau
mit Arabesken bis zum Dachverhau.
Die Fronten lenken meinen Augenmerk

auf schmucken Zierrat vor dem Tor der Herberg',
die ihre Gäste aufnimmt vor des Abends Grau.
Dass jeder Mensch in San Vigilio Gott vertrau
erscheint das Dorf im Berglicht wie ein Kunstwerk.

Und in den Winkeln steiler Gassen schmiegt
Geruch aus Tradition und Holzbrand Berg
und Mensch zusammen. Der Natur Gewerk

versöhnt die Schöpfung. Wer die Not besiegt,
das Leben annimmt, sich in Liebe weiß,
erfährt das Glück auf eine ganz besondere Weis'.

3
Wo Fassbinders Botega noch erhalten,
das Handwerkszeug behutsam ausgestellt,
gegliedert nach der Arbeitsphasen Welt.
Mit Kufen, Bottichen und Eimern walten

noch heute manche Bauern nach der kalten,
meist langen Winterszeit. Sie ackern auf dem Feld,
vermehren Erntegut und Wirtschaftsgeld,
um ihren Vorrat und den Stand zu halten.

Doch auch Moena zollte uns'rer Zeit Tribut.
Die Alpwirtschaft geschrumpft, die Produktion erneuert.
Das Brauchtum wird von der Region beteuert,

trägt Jahr für Jahr den bunten Narrenhut.
Musik und Tanz beim Umzug der Ladiner
erfreut das Volk und windige Schlawiner.

Ladinische Aussichten

27.03.2002

Corvara ist eine Gemeinde mit fünfzehntausend Touristenbetten, drei Lebensmittelläden, drei Sportgeschäften, zwei Boutiquen, mehreren Geschäften mit Artikeln des Kunsthandwerks, kurzum eine Gemeinde, die alles hat, was man zum Leben benötigt, die jedoch ohne den Schnickschnack unserer Konsumgesellschaft auskommt. Vom einfachen Leben spricht die Touristikbranche, das selbst schon zur Kunst geworden sei. Und je länger man sich hier aufhält, desto deutlicher wird diese Distanz. Die Alpwirtschaft wird nur noch von wenigen Bauern betrieben. Manche Berghöfe sind bereits zerfallen, der Mörtel des Mauerwerks aus aufgehäuften Kalksteinen zerbröckelt, verwitterte Bretterverschläge und Fensterläden an zerborstenen Scharnieren hängen von den Wänden herab.

Die Menschen unterhalten sich mal in deutscher, mal in italienischer Sprache. Mit Touristen redet man deutsch, als sei dies die Muttersprache. Da mich dies verwundert, spreche ich im größten Supermarkt des Ortes die Verkäuferin an. Eine ältere Dame, die mit der jüngeren hinter der Theke steht, gibt sich als Frau Kostner zu erkennen, als Angehörige der Inhaberfamilie, einem Traditionshaus, dessen Spross es zu sportlichem Ruhm gebracht hat. Klar, dass den Namen Kostner hier jeder kennt und würdigt. Und so erfahre ich, dass Deutsch immer noch in der Grundschule neben französisch alternativ angeboten wird. Das obere Südtirol mit Grödner Tal, Alta Badia und Fassatal wäre daher immer noch deutschsprachig.

Bei Ladenschluss verhält man sich eher städtisch. Wenn die Kasse geschlossen ist, wird nichts mehr verkauft. Sie schließt sehr pünktlich. Was anfänglich wie leise Arroganz anmutet, entwirrt sich bei genauerem Hinsehen als Feierabenderwartung. Egal was man sagt, sie verstehen die Worte und an den Gesten erkennt man die kaufmännische Erfahrung, das Businessgepräge moderner Zivilisationen. Romantik kommt da nicht auf, eher ein Gefühl von Geschäftstüchtigkeit.

Die ladinische Volkskunst ist hier nur an den Holzschnitzereien auszumachen. Corvara ist längst kein Bergbauerndorf mehr, das Skifahrer als Quelle für Zusatzeinnahmen duldet. Hier wird Sport und Erholung verkauft und zwar das ganze Jahr über. Corvara hat zwei Kirchen. Eine Glocke gibt den Stundenschlag vor. Von der Karwoche spürt man nicht viel. Religiosität ist eher säkular erfahrbar. Der Sonntag und die Sonntagsruhe werden jedoch gehalten. Es gibt auch regelmäßige Angebote zur Ehevorbereitung und christliche Seminare. Die Ostervorbereitung ist ausge-hängt. Jesus mit der Dornenkrone in deutscher und italienischer Sprache. Der Papst betet für den Frieden, für ein Ende des Terrors und der Gewalt.

Am Märzende lockt das Gesträuch mit samtenen Weidekätzchen, Blatt- und Blütenknospen, keine blühen-den Forsythien, keine Osterglocken oder Narzissen. Die Temperaturen steigen mittags auf fast sechs Grad an. In der Sonne spürt man die Kraft zur Wärme und Erhitzung. Sonnencreme ist notwendig hier oben, mehr als fünfzehnhundert Meter über dem Meeresspiegel. Seit Montag ist Kaiserwetter.

Der Ort ist schnell abzugehen und so setze ich mich in der Mittagszeit auf die Terrasse des Hotelzimmers und genieße die Sonnenstrahlen, lade mich mit deren Wärmeenergie wieder auf. An den Bergauffahrten ist lediglich ein Imbissstand vorhanden, obwohl dort eine Gondelbahn, mehrere Sessellifte und Schlepperlifte zu den Gipfeln führen. Auch beim Gondelausstieg ist keine Berghütte zu finden, was mich dann doch verwundert. Kein ladinisches Mallorca, kein Ischgler Après Ski, Einfachheit ist hier Programm.

Von den Höhen der am Sassongher angelehnten strada sassongher sieht man auf Corvara herab. Von hier oben aus gleichen die Sessellifte einem Vogelzug. Die Autos kriechen wie Ameisen die Serpentinen hinauf und hinab. Alles fügt sich zu einem selbstverständlichen Ganzen, ohne Aufgeregtheit, ohne Besonderheit, aber auch ohne idyllische Verklärung. Mag sein, dass dies am wegtauenden Schnee liegt, der Skifahrer dazu nötigt, die Bretter stellenweise abzuschnallen, um nach fünf Metern wieder weiterfahren zu können.

Aus geöffneten Fenstern dringt das Programm des österreichischen Rundfunks und begleitet den südtiroler Vormittag mit bekannten Klängen der Popmusik. Auch in diesem Viertel stehen die Uhren auf Gegenwart. Corvara ist keine Reise in die Vergangenheit, es ist eine Begegnung mit westeuropäischen Zeittakten, zivil, menschenfreundlich, gottesfürchtig und geschäfts-tüchtig. Skifahrer kehren häufiger zurück, denn das Angebot an Abfahrten der unterschiedlichsten Schwierigkeitsgrade ist enorm groß. Die vielfältigen Berglandschaften erinnern an die Kulissen großer Kinofilme. Vielleicht ist dies ein Grund dafür, dass man den Rummel und den üblichen Skizirkus nicht nötig hat. Die Geographie spricht für sich. Diese Umgebung ist es auch, die mich draußen verweilen lässt. Ein derartiges Panorama aus Gebirgs-ketten, Steilhängen, zerklüfteten Felsen und wuchtigen Gipfeln ist eine Seltenheit. Das Endirosa der Sellaronda-spitzen bleibt als Etikett einer Bergregion zurück, einer Zuflucht, die es verstanden hat, die Spielregeln der Freizeitindustrie anzuwenden, ohne die Natürlichkeit zu zerstören. Möglicherweise ist dies das Merkmal ladinischer Lebenskunst.

Vieni Gésu, reste per noi

01.01.2003

Nicht die Gebirgsregion ist das Besondere, der historische Hintergrund, das internationale Flair, das Kaiser Franz Josef und Kaiserin Elisabeth von Österreich hinterlassen haben, auch nicht die fünfzehnhundert Höhenmeter des Trentiner Städtchens, selbst der Pelzmantel nicht, der fast überwiegend getragen wird, sowohl von eleganten als auch weniger eleganten Signoras und Signorinas, hier mitten im Naturpark Adamello Brenta, wo der Braunbär noch zu Hause ist, weht der eigentümliche Atem der Madonna, der Urlaubsort, der auch ihren Namen trägt: Madonna di Campiglio.

Eine kleine Gemeinde versammelt sich in der neuen, am antiken Bau angelehnten Kirche, an diesem Platz, an dem einst Joseph Österreicher residierte. Gemessen an der Zahl der Touristen, zuweilen zählt man an die vierzigtausend Gäste, ist der christliche Kreis, der sich regelmäßig zur Liturgie trifft, verschwindend gering.

Etwa fünfhundert Plätze bietet der Neubau. Der Stil erinnert eher an einen Saalbau, konisch auf den Altar hin zulaufend, dessen linke Hinterwand ein großes Gemälde des Kreuzweges ziert. Bis zur Decke hin spitzt sich rechts daneben ein viereckiges, etwa achtzig Zentimeter breites Gemäuer zu, das in einem imposanten, vielfarbigen Stern die Monstranz birgt.

Signore Gésu ist hier und man spürt mit dem Betreten dieser Stätte eine spirituelle Ruhe, den heiligen Geist. Er überträgt sich auf die Gottesdienstbesucher und schafft unmittelbare Nähe. Die katholische Kirche ist universal, was Fremden erlaubt, an Gesängen und Gebeten teilzuhaben, auch wenn man die italienische Sprache nicht beherrscht. Ritus und Liturgie verbinden die Gottesgläubigen aus aller Welt.

Anders als in deutschen Messen werden sie auch direkt in deren Zelebrieren miteinbezogen. Der schon ältere Padre geht vor Beginn behutsam auf die ersten Reihen zu, spricht einige von ihnen an und findet immer genug Personen für die Lesungen und Fürbitten. Selbst das Austeilen der Kommunion wird einem Laien mit anvertraut. Die notwendigen kirchlichen Weihungen verleiht ein ihnen umgehängtes Kreuz.

In der Predigt verkündigt der Padre am Neujahrstag 2003 die Worte des Papstes Johannes Paul II. zum Weltfriedenstag Pacem in terris. Der Friedensgedanke soll alle Christen erfassen. Außerhalb des Kirchen-gebäudes hängen in den umliegenden Ortschaften verstreut einige bunte Flaggen mit dem Aufdruck „Pace".

Nach dem Opfergang bittet der Padre vier Kinder zu sich, fragt am Altar nach ihren Namen und stellt sie der Gemeinde vor. Während des „Vater Unser" halten sie sich an den Händen und bilden eine Gebetskette. Danach wünschen sich die Gottesdienstbesucher gegenseitig „Pace".

Der Padre löst sich von den Kindern und geht auf die Gläubigen zu, um einigen die Hand zu reichen. So werden im Handumdrehen aus Besuchern Mitgestalter ohne vorherige Proben. Denn Messdiener gibt es keine. Gerade mal ein Dutzend Kinder empfingen 2002 die erste heilige Kommunion. Ihre Bilder sind am Eingang ausgehängt.

Wenn am Ende der Messe das Gottesvolk „vieni Gésu, reste per noi" singt, liegt der Segen Christi auf allen, die zu ihm gebetet haben. Spirituell bereichert verlassen sie die Kirche mit jenem heiligen Hauch, den einst die Madonna verströmte.

Griechenland

Göttertreiben

Es zog mich weit hinein in Hellas Schluchten
getragen von des Felsens fester Hand
ein Götterwort die Gegenwart entband
mich ihr enthob ich fiel in Zeitenschluchten

und von den Gipfeln hing herab in Buchten
Titanenhaar welch flimmerndes Türkis
es öffnete die Augen des Kalchis
dass tausend Stimmen ihre Körper suchten

Der Meeresrand versandete in Klängen
die schöne Helena küsste Paris Zehen
Poseidon schickte Winde und ein Wehen

Artemis focht verstrickt mit Eros Fängen
ein Liebeszauber lies die Götter treiben
das alte Bild sich mit dem neuen reiben

Titanensaum

Olymp
Götterstatt
im Sonnengefecht
Licht bestäubt
Wind betäubt
ragt in Sphären
in denen Gaia
sich verflüstert
am Titanensaum

Göttergesang

grünes Bernsteinmeer
Wasserschmuckstück
funkelnd tiefer Saphir
Gesang aus Götterkristall
wenn hinter dem Glitzerspiegel
Chalkidiki aufgeht

Glücksritter

Im Sand das goldene Vlies
von Sonnentrunkenen ausgegraben
Glücksritter auf dem Weg
ins Undurchdringbare
Triton tränkt mit Scheinbarem
den längst vergangenen Horizont

Steintränen

Flügel des Windes sich drehen
reißen die Segel auf
stürmen e Klagen der Fluten
Wolken verbluten

Osttöne wimmern herüber
weinen ein altes Lied
tropfen die Tränen der Steine
Seelengebeine

Hundertaugen sich spiegeln
öffnet sich Hellas Licht
zeichnen die Pfade der Hände
Zeitenbestände

Olympische Küste

Der Ozean ein Blautopas von weißem Licht gebleicht
und leichte Wellen die schäumend sich ans Ufer lecken
ein Rosaton der unbemerkt sich ausbreitet und verstreicht
am Beugegrat des Blicks Visionen sich vollstrecken

sieh dort am Horizont wacht immerzu ein kleines Schiffchen
ein junges kaum zu sehendes Gewölk aufsteigt ein Siegel
das die Fahrt erhofft und wartet am Korallenriffchen
sich dann und wann ein Singen überträgt ein Götterspiegel

aus dem die Stimmen locken schön und sanft wie eine Muse
ein Chor der Göttinnen gehüllt in einen Nebelschleier
ein Winken gelöst von allen tritt hervor die lieblichste Meduse
spielt süßeste Töne der Verführung auf der Leier

und alle Götter scharen sich um sie am Himmelsknauf
ein Schillern Blitzen und Geglitzer meine Augen blenden
es zieht mich hin zu jenen Wesen in den Sternenlauf
Vergangenes will sich in Gegenwart vollenden

Brücke von Tembi

Wie rückt es unaufdringlich in das Sehen
ein Brückenband: ein altes menschenleeres
Lichtfeld das ein göttergleiches hehres
Weltbild hochhält aufweckt wie ein Lehen

Wie schien mirs klar das Zeitbild als ein wahres
unvergessnes Dasein ein Jahrtausend
das so plötzlich auflebt und wieder brausend
mich zurücklässt wie die Farbe eines Haares:

ein Graues, nicht mehr sich erneuerndes Etwas
das vergangen ruht unwiederbringlich
Titanen Apollons Geist unverdinglich
der mir die letzte Lücke aus den Augen las

Zeitklippen

Oleanderrot
entlang thessalischer Gesteinswelt
zwischen aufragenden Steilhängen
färbt Hyperions Licht
spaltet die Zeitklippen
die das Übermaß an Geschichte umwirbt
längst dringt das Unmittelbare
in den Lidschlag
der das Übervolle ausgleicht

Menschenleere

Zikadenkonzerte
zwischen Gebirgsketten
im grünen Gewirr
betören die Sinne

Götterchor
Olymps Geschwister gipfeln
schluchten den Weg
in die Gegenwart

Pinios fließt fruchtet
teilt schroffen Fels
scharfkantig ungeschliffen
Steinhöhlen ausgekerbt
zeitgeschlagen im Massiv
herrscht Menschenleere

Sonnenaufgang

Im Sonnentanz hellt
Larissas Feierlicht

Olymps Bernsteinflamme
öffnet dem Tag die Tür
durch Hellas Jahrtausende

brennen im Stundenglas
göttlicher Gunst zu Füßen
Larissa

Odos Kouma

Wasserkaskaden
prasseln über Zeitsprünge
im Rot der Feuerpflanzen
treibt Zyperngras
Zikaden übertönen
ein Blockflötenspiel

am Zentrumsplatz
atmet das Stimmengewirr
hellenische Leichtigkeit
auf der Odos Kouma
pulsiert die Sinnlichkeit

Alkazar

Garten des Pinios
Alleen gesäumt
Brunnen geziert

Geschichtenwald
Holzbrücken bespannt
mit Wachtürmchen

auf den Bänken
des Lichts
Zeitzauber

Stundentakt

Gipfelkette überragt die Flussbrücke
Pinios Weg in die Höhe der Zeit
Larissa lächelt ein Herz in die Weite

Achileos wacht auf der Kuppel
hält sein Kreuz über die Straßen
und sammelt Seelen ein

Klimaanlagen tauschen die Luft
in der Hitze des Sommers
wiehert das eiserne Pferd

Alkazars Brunnensee

Morgenatem entzündet ein Inferno des Lichts
haucht Blättergespinste in Akazienzweige
verteilt gelbe Rispen rosa Dolden

auf Alkazars Brunnensee rieseln Wassersterne
Fontänen glitzern an der Neige des Holzsteigs
Tropfentänze aus Sprudeltürmchen gehüpft

den Himmelsspiegel überbrückend
säuselt Leichtigkeit entfesselt
den Wimpernschlag zeittrunkener Augen

Flussfest am Pinios

Unter dem Abendblau
ein kleines Theater
lebensgroßer Puppen
edle Roben am Pinios
der ruhig sein Wasser trägt
und seine Kühle übers Ufer treibt
auf Menschen von Rhythmen befallen

Scheinwerfer blenden Helle
in die Ränge
leuchten den Bestand
weißer Stühle aus

unverbundenes Publikum
Lebensklänge
harren am Bühnenrand

Zeitzerrinnen
verhallenden Tags

Prometheus Variation

1

Auf Höhen brennt noch Hellas Herz
es lebt Olymp
den Wolkendunst kennt wohl er der
kein Knabe mehr

So himmlisch flimmert seines Augs
Titanenspross
und all sein Schimmern wähnt
versunknes Blut

Wie flammte auf der Gruß im Blick
als eines Weltgewandten
der dennoch trauert
um seine Heimatstatt

Oh ihr Gewaltigen
was leiht ihr ihm in seiner Seel'
dies Schwingen
bezwingt das Werden
das ihm nicht Mutter ist

2

Wie kann er sehen Lichtes Zeit
so nah doch fern
wenn seines Sinnens Ungemach
ihn selbst erdrückt

Dort Kronos droht die Sichel hält
er schon vor ihm
und Zeus die Pläne kreuzen will
mit kaltem Herz

In all dem Wirren göttlicher
Verschwörung harrt
er doch und hält den Stengel hin
dass Feuer sprüht

Oh wes Gebärendes
es brennt die Welt die ihn umschließt
welch' Schmerzen
Kaukasus wartet
Zeus trotzte er für sie

3
Verbanne dieser Ängste Fluch
der Kunst geweiht
geschmiedet einzigartig an
ein Kettenland

Der Adler fliegt an ihm vorbei
des Hungerns müd
es stürmt die Erde ungebändigt
die Allgewalt

Wer wird es wagen gegen alles
das ihn schon jagt
und diese Fackel wird sie lodern
getreu dem Gruß?

Hört die Gezeiten
sie fragen nicht ob es gefällt
dies Rauschen
beraubt des Denkens
dem Wahnsinn ausgeliefert

Das Chaos

1
Götterdämmerung

So nahe der dunklen Zerstörung
Götterdämmerung
doch du Prometheus
zögerst nicht

wär' ich Titanin
verstößest du mich

brächte die Klage des Chaos
Gaia zur Geburt

Blutstropfen einer Sterblichen
treiben Blüten im ewigen Eis

2
Kreuzgang

Nur deines Willens
sind Augen und Kreislauf

im Kreuzgang läuft sich
Lust zu Tode

bei Zeus
Tartarus ist in mich
gekrochen

3
Spaltzeit

Sag Klymene
ist deines Wassers Schaum
schönste Göttin entstiegen

Uranos Geschlecht
vermochte die Versuchung
schmiedete Urmutter
die Erzsichel
zum Spalten der Zeit

4
Nachtfeuer

Nyx meine schwärzeste Nacht
teilt sich nicht
nur wenn du Feuer bringst
ist mir der Tag gewiss

5
Kunstfreund

Keine Büchse bring ich dir
Prometheus wer mich
Kunst gelehrt freundet meinen Worten

Und ich schreibe ins Chaos
dass niemand versilbt
was nicht zu versätzen

allein diesen Tönen
lautet meine Neigung

Ägypten

Lyrische Ausflüge
In Memorian Peter Ustinov in dem Film „Der Tod auf dem Nil" nach
Agatha Christie

Grußformel

Frauen ohne Schleier
verbeugen sich vor ihrem Gott.

Der Fächer des Flusses
fasert ins Meer.

Nebenan
wachsen die Häuser weiter
ins Land.

Von den Höhen der Hügel
schickt das Licht
Grußformeln.

Frischer Wind versiegt
in den Fenstern
diesseits und jenseits
der Grenzen.

Tagesanbruch

Mein Tempel ist leer.
Nacht schöpfte die Hitze ab.
Das Träumen endete
mit dem Morgenrot.

Ein Muli schreit
sich das Grau von den Augen.

Die Sonne sticht ihre Strahlen
in die Haut des Morgens.

In unauffälligen Bauten
legt der Tag Zeugnis ab.

Gelassen der Atem des Nils
vor dem Auftauchen
der Krokodile.

Steinuhr

Wo die Grate der Tempel
in den Himmel treffen,
endet der Blick.

Die Schwere des Sandsteins
fällt auf die Erde zurück.

Auf das Gesims der Stufen
hämmert der Wind
seine Böen.

Abgelegte Schleier
blenden im Licht.

Die zerstäubte Zeit
wird sichtbar.

Karnak

Zwischen steinernen Tatzen

Steinallee abblätternd,
seelenlos, ausgebleicht.
Staubbrisen im Aufwind
verwehen die verblassten Zeitpartikel
in die Vigilien des verlorenen Himmels.

Aus den Kehlen der Löwenköpfe
singt der helllichte Tag,
festgehalten zwischen Tatzen aus Stein.

Schweißperlen
der Tempelbauer nieseln
über den Opferweg.

Tempel des Amun

Lichtgold färbt den Stein
Bei jedem Schritt wirbeln
Partikelteilchen des Minerals
aus den Hallen der Huldigung.

Mauerblüten wachsen im Steinmoos,
in den Ausschnitten mildert
das Lächeln der Figuren
die Preistreiberei.

Unverstellt das kalte Auge
im Objektiv der Zeit,
das Ausblitzen des Sonnengottes
in der Dämmerung der Kolonnaden.

Isis und Osiris wachen
im göttlichen Territorium
über die Steinfrüchte der Jahrtausende,
ein Falke verliert Federn.

Die Säulenhalle

Schritte hallen im Säulengeviert,
Allherrscher verbergen sich
in den Heiligtümern der Tempel.

Im Mosaik der Inschriften
beben Felstauben, blättert ihr Gefieder
Sandstaub aus dem Gestein,
golden und silbern verglimmend
in den Insignien der Sonne.

Ausgrabungen entzifferten
auf dem Schutthaufen der Sortierungen
die Hintergründe der Blöcke und Mauern.

Aus dem Kolorit der Erinnerung
äugen verborgene Dynastien.

Grabstätten

Pyramiden im Wüstensand
beten Steinblock für Steinblock
den Himmel an.

Basalt gestützt
die steinernen Monumente
der Pharaonen.

Grabkammern, geschützt
vom Rosengranit der Irrgänge.

Alabasterweiß
die Altäre der Priesterschaft.

In den Iden des März
starb die Dienerschaft
unbalsamiert.

Wie das Nilpferd zu seinem Namen kam

Den Nil zertrampelte ein Pferd,
das Wasser war ihm nichts mehr wert.
Es hatte seine Frau verschlungen,
als sie ein Liebeslied gesungen.

Dem schwarzen Fluss sollte sie weichen,
er floss gern in den Nil, den bleichen.
Dort lauerten die Krokodile,
die Polizisten aller Nile.

Die fanden den Gesang zu schwer,
schwammen der Dame hinterher.
Am Katarakt des Altbara,
am Fels, das Unglück dann geschah.

Die Primadonna wollt nicht weichen,
dem schwarzen Nil nicht, nicht dem bleichen.
Da schlug das Wasser hohe Wellen
und riss sie fort mit Stromesschnellen.

Die Krokodile standen still,
das Flusspferd tobte laut und schrill,
trauerte um die Frau so sehr,
trampelte wild im Nil umher,
hampelt im Wasser wie gebannt,
da hat man Nilpferd es hat genannt.

Nilschwemme

Der Nil führt keinen Priel,
das wär ihm viel zu viel,
er rauscht schon kilometerweit
und macht sich in Ägypten breit,
für Flusspferde sind außerdem
die kleinen Priele unbequem.

Doch flieht einmal ein Landwurm
aus Angst vor einem Sandsturm
in seine Böschung unbedacht,
weil das ihn unangreifbar macht,
dann überschwemmt der Nil
mit seinem Wellenspiel
die Uferzonen mit Gebraus
dass schwimmt darin die Wüstenmaus.

Und führt der Nil den großen Priel
wird er auch Flusspferds Ziel.

Ein Krokodil im Nil hat Stil

trägt feines Leder stets subtil
will man es ihm entringen
muss man ins Wasser springen

dem Krokodil hat dies gestunken
weshalb schon viele dort ertrunken

Israel

Ostern 2016

Heilige Steine

Die heiligen Steine Jerusalems,
wer trug sie auf den Schultern oder im Herzen?
Gebeine aller Heiligen unter blutrotem Felsengrab.

Die Klagemauer sammelt die Bitten der Flehenden,
stützt versunkene Gebete ab wie Jahrtausende
voller Gewalt, Krieg, Flucht und Vertreibung.

Am Sabbat vielstimmiger Chor der heiligen Stätten:
Kantorengesang aus Synagogen,
Muezzinrufe von Minaretten,
Glockengeläute der Kirchen.

Abrahams Kinder pilgern, atmen Weihrauch,
handeln weiter um das beste Gottesangebot.
Wer kennt das Gebot der Nächstenliebe?

Jerusalem

Weiße Steine pflastern alle Wege,
trennen, teilen Jerusalem
wie ein Apfelspalter.

Mühsamer Weg in die Höhe;
kein Baum der Erkenntnis
von dem zu speisen wär.

Über der goldenen Menora
thront die goldene Kuppel,
darunter römische Kapitelsäulen.

Vor der Klagemauer der Frauen
wachen Angehörige der Orden
über die Einhaltung ritueller Verhaltensregeln.
Die Mütter Theresas bekreuzigen sich.

Verschleierte klammern sich an die Ritzen der Wand,
religiöse und unreligiöse Menschen lehnen sich
mit ausgebreiteten Armen an die Mauer
für die Öffnung der göttlichen Begegnung.

Wortflammen züngeln
vor den Augen Schweigender.
Der Rückzug vorsichtigen Schritts
ohne Smartphones und Tablets,
rückwärtsgewand.

Klagemauer

Diese fedrigen scharfkantigen
Wedel der Palmen.
Stehmücken verteidigen
die grünen Schwerter.
Die Mauern heiliger Stätten
bekämpfen sich immer noch.

Das Gemurmel Gottesgläubiger
versiegt in grauen Ritzen.
Unter den Tempeln
modert Kälte.

Sie und die Hitze des Tages
verbreiten nichts als Gewitter.

Schuld und Sühne

Welche Hoffnung könntest Du
heute noch haben
nach Jahrtausenden
der Schmach und des Verrats?

Welche Schuld nach all den
Kämpfen kannst Du verzeihen?

Für uns, Herr und Gott, büßen
die Seelen, gefangen
im Licht des Staubs,
aus dem Du uns geformt,
wieder und wieder.

Sie können sich nicht lösen
für die Ewigkeit.
Sie flüstern aus dem Grund
aufgetürmter Steine
und schweigen laut.

Nur das Gestammel
Suchender nach Verstehen
übertönt die Stimmen.

Die Hitze klirrt in den Felsen
vor Sehnsucht.

Erscheinungen

Die Zeichen der Hoffnung,
hochgehalten
in schmalen Gassen
zwischen Ständen.

Maria auf der Ikone
mit dem Jesuskind im Arm.
Plötzlich leuchtet
die goldene Ummantelung
des Schreins,
als hätte der Menschgewordene
seinen Geist unters Volk gemischt.

Maria hält den Knaben ins Licht,
als wollte sie das Herz der Liebe
an Vorbeipilgernde weiterreichen.

Die verloren geglaubte Zeit
versöhnt die Berührten
mit schweigender Hingabe.

Grabeskirche

Innehalten
vor dem Bogen der Inschrift,
den gemeißelten Schriftzeichen,
den Treppenabgängen
des Kirchengemäuers.

Zuhören
in der Stille des Lärms aller Verrohung
menschlichen Geistes und Weiterhoffen.

Einatmen
die Beschwörung der Litaneien,
den Weihrauch geistlicher Gebete,
die Berührung verlorener Seelen.

Nicht fertig werden
mit den Schatten der Tempel,
dem Schreien Hingerichteter
im Anblick der Grabstätte des Herrn.

Aufstehen
mit zerbrochenen Knien entkalkter Knochen,
der splitternden Nacktheit des Glaubens.

Allein seine Nähe erlöst
von weitergegebener Schuld.

Fahrt nach Tel Aviv

Diese unfertigen Häuser
verbunden mit Wäscheleinen,
aufblühende Rosensträucher und Oleanderbüsche.
Dazwischen Bananenstauden,
Tomatenstöcke, Karottenbeete.

Drüben die schmucken Behausungen
gekalkter Wände, terrassenverbunden,
rauschende Ölbaume und Bienenstöcke.

Dazwischen die Autobahnen,
versunken im nackten Felsen
versteinerter Fronten,
durchlöchert
und einfahren
in die Hauptstadt Israels.

Eingefangen die wortlosen Dämonen
hinter gespannten Maschinengewehren,
prüfenden Blicken der Soldatinnen,
bohrenden Fragen der Kontrolleure.

Leben mit der Angst des Augenblicks,
der Flüchtigkeit der Zeit.
Ankommen ungewiss.
Eine Stimme, sprachverzweigt,
über allen Himmeln,
spricht aus Abrahams Schoß.

Strandhotel in Nahsholim

Gestrandet auf gelben Stühlen
im feinkörnigen Sand der Karmelküste.
Aufspringende Wellen
im rollenden Gleichklang
versprühen über Felskuppen Gischt wie Möwen.

Nebelkrähen stolzieren umher,
säubern den Randstreifen
von Würmern und Insekten.
Ein Salamander, schwarzgepanzert, kriecht
unter kahlgespülten, aufragenden Steintafeln hervor.

Vor den Hotelzimmern brennen
Kugellampen im Gras.
Mädchen und Jungen spielen Fußball.
Hebräische Rufe der Mütter
verklingen in der Dämmerung.
Rahel segnet ihre Kinder.

Getrennte Restaurants für Bewohner und Gäste,
Schalen für Waschungen, koschere Küche
und Touristenmensa.

Alles wirkt friedlich miteinander
im Nebeneinander.
Am Horizont schweift der Mond
inmitten silbriger Sterne.

Abschied

In den Schächten der Worte
bleibt die Erinnerung haften.
Du hast die Muschel ans Ohr gehalten,
um den Atem des Meeres zu spüren.

Der Zuruf der Urgewalt
weiß nichts von Verhältnismäßigkeiten.

Elemente immerwährender Wiederholung
in den sich verändernden Abläufen
deiner Jahreszeiten.

Saatgut geworfen
in die Minuten des Reifenden
aufgeht im Grund.

Wer glaubt, dass das Ende naht?
Abschied und Anfang im Rhythmus
der Ewigkeit.

INHALT

Quellenangaben

Kapitel Reisefieber
alle Texte aus: In der Saar feiern die Fische. Gegenwartslyrik & Szenen. Vera Hewener. Verlag BoD Books on Demand. Norderstedt 2018. ISBN 9783732237142

Kapitel Norwegen
Im Selbjörnsfjord, Bootsfahrt, Im Hordaland, Am Stavanger Dom aus: Das Jahr: Dichtung in vier Sätzen. Vera Hewener. Gedichte mit Fotografien. BoD Books on Demand Norderstedt 2013. ISBN 978-3-7322-3168-3.
Winter am Stavanger Hafen, Weihnachtszeit in Stavanger aus:
In der Saar schwimmen keine Krokodile. Gegenwartslyrik & Texte. Vera Hewener. Verlag BoD Books on Demand. Norderstedt 2015. ISBN 9783738635676

Kapitel Schottland
Wintersturm über Edinburgh, Im Apex Hotel, Waterloo Place, Schottischer Advent aus:
Zaubervolle Winterwelt. Gedichte, Geschichten, Notizen. Vera Hewener. Verlag BoD Books on Demand. Norderstedt 2014. ISBN 9783735761262.
Edinburgh, Im Pub aus:
In der Saar feiern die Fische. Gegenwartslyrik & Szenen. Vera Hewener. Verlag BoD Books on Demand. Norderstedt 2018. ISBN 9783732237142

Kapitel England
alle Texte aus: Verwirbelungen der Zeit. Vera Hewener. Lyrik mit Bildern von Carolin Isele. WiKu Éditions Paris E.U.R.L. Paris und WiKu Verlag KG Berlin 2005. ISBN 3-86553-203-9.

Kapitel Luxemburg

alle Texte aus: Es kommen andere Ewigkeiten. Gedichte. Vera He-
wener. WiKu Édition Paris ISBN 2-84976-0188 WiKu Verlag 2007.
ISBN 978-3-86553-189-6.

Kapitel Frankreich

Auf den Boulevards, Bois de Boulogne, Erotischer Nachmittag aus:
Lichtflut. Reisenotizen. Lyrik und Prosa. Vera Hewener. Edition
Calamus. Norderstedt 2001. ISBN 3-8311-1493-5. 2. erw. Auflage
2014. ISBN 987-3831114931.
Paris en magie, Paris im Zauber, Le chant des villes, Das Lied der
Städte aus: Von Lorraine nach Aquitaine. Reisenotizen in Lyrik und
Prosa. Vera Hewener. Verlag BoD Books on Demand. Norderstedt
2016. ISBN 9783741210860.
Vormittag in der Champagne-Ardenne aus:
In der Saar schwimmen keine Krokodile. Gegenwartslyrik & Texte.
Vera Hewener. Verlag BoD Books on Demand. Norderstedt 2015.
ISBN 9783738635676
Aubigny sur Nère aus:
Aus meinem Federkiel. Magische Momente. Natur & Seele. Gedich-
te. Vera Hewener. Verlag BoD Books on Demand. Norderstedt
2017. ISBN 9783744870511.
Vorherbst, Nicht schlecht Herr Specht, Altweibersommer, Herbst-
beginn im Pinienwald, Die Friedenstaube aus:
Kinder, Hund, Familienbund. Lustiges, Tierisches und Allzumensch-
liches in Lyrik und Prosa. Vera Hewener. Verlag BOD Books on
Demand. Norderstedt 2018. ISBN 9783746056821
Der Vogelkundler, Vogeldemokratie aus:
Das Jahr: Dichtung in vier Sätzen. Vera Hewener. Gedichte mit
Fotografien. BoD Books on Demand Norderstedt 2013. ISBN 978-
3-7322-3168-3.
L'île aux oiseaux, Arcachon aus:
Himmelsstürme. Vera Hewener. Gedichte mit Fotografien. edition
Wort Verlag Bitburg 2010. ISBN 978-3-936554-00-3.

Kapitel Österreich

Fünf Uhr morgens in Taxenbach, Gasteiner Ballade, Wintermärchen,
Bad Hofgastein, Missverständnis am Fulseck aus:

Lichtflut. Reisenotizen. Lyrik und Prosa. Vera Hewener. Edition Calamus. Norderstedt 2001. ISBN 3-8311-1493-5.
Im Dunstreis, Einkehr, Winterwege aus:
Himmelsstürme. Vera Hewener. Gedichte mit Fotografien. edition Wort Verlag Bitburg 2010. ISBN 978-3-936554-00-3.
Schöne Bescherung aus:
Kerzen, Wunder, Himmels-Zunder. Vera Hewener. Lustige und besinnliche Geschichten und Gedichte zur Advents- und Weihnachtszeit. Verlag BOD Books on Demand. Norderstedt 2017. ISBN 9783744893824.
Wiener Oper aus:
Christnacht, Glocken, Engelslocken. Gedichte und Geschichten zur Weihnacht. Vera Hewener. Verlag BoD Books on Demand. Norderstedt 2018. ISBN 9783748107637.

Kapitel Italien

Primiero, Moena aus:
Lichtflut. Reisenotizen. Lyrik und Prosa. Vera Hewener. Edition Calamus. Norderstedt 2001. ISBN 3-8311-1493-5.
Ladinische Aussichten aus:
Lichtflut. Reisenotizen. Lyrik und Prosa. Vera Hewener. Edition Calamus. Norderstedt 2001. ISBN 3-8311-1493-5. 2. erw. Auflage 2014. ISBN 987-3831114931.
Vieni Gésu, reste per noi aus:
Zaubervolle Winterwelt. Gedichte, Geschichten, Notizen. Vera Hewener. Verlag BoD Books on Demand. Norderstedt 2014. ISBN 9783735761262.

Kapital Griechenland

Zeitklippen, Menschenleere, Titanensaum, Glückritter, Göttergesang, Odos Kouma, Alkazar, Sonnenaufgang, Prometheus Variation, Das Chaos aus:
Verwirbelungen der Zeit. Vera Hewener. Lyrik mit Bildern von Carolin Isele. WiKu Éditions Paris E.U.R.L. Paris und WiKu Verlag KG Berlin 2005. ISBN 3-86553-203-9.
Alkazars Brunnensee, Stundentakt, Flussflest am Pinios, Olympische Küste, Brücke von Tembi aus:

Es kommen andere Ewigkeiten. Gedichte. Vera Hewener. WiKu Édition Paris ISBN 2-84976-0188 WiKu Verlag 2007. ISBN 978-3-86553-189-6.

Kapitel Ägypten
Grußformel, Tagesanbruch, Steinuhr, Zwischen steinernen Tatzen, Die Säulenhalle aus:
In der Saar feiern die Fische. Gegenwartslyrik & Szenen. Vera Hewener. Verlag BoD Books on Demand. Norderstedt 2018. ISBN 9783732237142
Tempel des Amun, Grabstätten Erstveröffentlichung
Wie das Nilpferd zu seinem Namen kam, Ein Krokodil im Nil aus:
Zaubervolle Jahreszeiten. Der Sommer. Vera Hewener. Verlag BoD Books on Demand. Norderstedt 2017. ISBN 9783744870993.
Nilschwemme aus:
Kinder, Hund, Familienbund. Lustiges, Tierisches und Allzumenschliches in Lyrik und Prosa. Vera Hewener. Verlag BOD Books on Demand. Norderstedt 2018. ISBN 9783746056821

Kapitel Israel
alle Texte aus: Du trocknest meine Tränen wieder. Religiöse Lyrik & Texte. Vera Hewener. Verlag BoD Books on Demand. Norderstedt 2016. ISBN 9783743113589.

Bücher von Vera Hewener

Vermisstenanzeige. Gewidmet den ermordeten Juden des Naziregimes. Lyrik und Prosa. Vera Hewener. Libri BoD. Norderstedt 2000. ISBN 3-8311-0748-3. 2. erw. Auflage 2014. ISBN 978-3831107483.

Lichtflut. Reisenotizen. Lyrik und Prosa. Vera Hewener. Edition Calamus. Norderstedt 2001. ISBN 3-8311-1493-5. 2. erw. Auflage 2014. ISBN 987-3831114931.

Eine Neigung aus Blau. Gegenwartslyrik. Vera Hewener. Norderstedt 2002. ISBN 3.8311-3334-4. 2. Auflage 2014. ISBN 9783831133345

Bist Himmel mir und tausend Feuerfunken. Gedichte. Vera Hewener. Mauer Verlag. Rottenburg a/N. 2003. ISBN 3-937008-46-2.

Verwirbelungen der Zeit. Vera Hewener. Lyrik mit Bildern von Carolin Isele. WiKu Éditions Paris E.U.R.L. Paris und WiKu Verlag KG Berlin 2005. ISBN 3-86553-203-9.

Es kommen andere Ewigkeiten. Gedichte. Vera Hewener. WiKu Édition Paris ISBN 2-84976-0188 WiKu Verlag 2007. ISBN 978-3-86553-189-6.

Himmelsstürme. Vera Hewener. Gedichte mit Fotografien. edition Wort Verlag Bitburg 2010. ISBN 978-3-936554-00-3.

Das Jahr: Dichtung in vier Sätzen. Vera Hewener. Gedichte mit Fotografien. BoD Books on Demand Norderstedt 2013. ISBN 978-3-7322-3168-3.

Zaubervolle Winterwelt. Gedichte, Geschichten, Notizen. Vera Hewener. Verlag BoD Books on Demand. Norderstedt 2014. ISBN 9783735761262.

Frühlingsserenade. Die schönsten Gedichte, Geschichten und Notizen zur Frühlingszeit. Vera Hewener. Verlag BoD Books on Demand. Norderstedt 2015. ISBN 978-37347-3140-2.

Die Blüte des Sommers. Sommeranthologie. Die schönsten Gedichte, Geschichten und Kalendernotizen. Vera Hewener. Verlag BoD Books on Demand. Norderstedt 2015. ISBN 978-3-7347-89540.

In der Saar schwimmen keine Krokodile. Gegenwartslyrik & Texte. Vera Hewener. Verlag BoD Books on Demand. Norderstedt 2015. ISBN 9783738635676

Von Lorraine nach Aquitaine. Reisenotizen in Lyrik und Prosa. Vera Hewener. Verlag BoD Books on Demand. Norderstedt 2016. ISBN 9783741210860.

Du trocknest meine Tränen wieder. Religiöse Lyrik & Texte. Vera Hewener. Verlag BoD Books on Demand. Norderstedt 2016. ISBN 9783743113589.

Zaubervolle Jahreszeiten. Der Frühling. Vera Hewener. Verlag BoD Books on Demand. Norderstedt 2017. ISBN 9783743125117.

Aus meinem Federkiel. Magische Momente. Natur & Seele. Gedichte. Vera Hewener. Verlag BoD Books on Demand. Norderstedt 2017. ISBN 9783744870511.

Zaubervolle Jahreszeiten. Der Sommer. Vera Hewener. Verlag BoD Books on Demand. Norderstedt 2017. ISBN 9783744870993.

Kerzen, Wunder, Himmels-Zunder. Vera Hewener. Lustige und besinnliche Geschichten und Gedichte zur Advents- und Weihnachtszeit. Verlag BOD Books on Demand. Norderstedt 2017. ISBN 9783744893824.

Die Jahreszeiten: Auslese. Gedichte. Vera Hewener. Verlag BOD Books on Demand. Norderstedt 2018. ISBN 9783738636017

Werkausgabe Band I. Frühe Gedichte 1970-1999. Verlag BOD Books on Demand. Norderstedt 2018. ISBN-13: 9783746025292

Kinder, Hund, Familienbund. Lustiges, Tierisches und Allzumenschliches in Lyrik und Prosa. Vera Hewener. Verlag BOD Books on Demand. Norderstedt 2018. ISBN 9783746056821

Zaubervolle Jahreszeiten. Der Herbst. Vera Hewener. Verlag BoD Books on Demand. Norderstedt 2018. ISBN 9783752842135

Christnacht, Glocken, Engelslocken. Gedichte und Geschichten zur Weihnacht. Vera Hewener. Verlag BoD Books on Demand. Norderstedt 2018. ISBN 9783748107637.

In der Saar feiern die Fische. Gegenwartslyrik & Szenen. Vera Hewener. Verlag BoD Books on Demand. Norderstedt 2018. ISBN 9783732237142